DIGITAL FINANCE IN ACTION

THE FINTECH CASEBOOK

实战数字金融

金融科技案例集

金磐石◎主编

中国金融出版社

责任编辑：孙　柏　王　强
责任校对：李俊英
责任印制：丁淮宾

图书在版编目（CIP）数据

实战数字金融：金融科技案例集/金磐石主编. —北京：中国金融出版社，2024.2

（做好金融"五篇大文章"系列丛书）

ISBN 978-7-5220-2348-9

Ⅰ.①实… Ⅱ.①金… Ⅲ.①信息技术—应用—金融业—研究—中国 Ⅳ.①F832-39

中国国家版本馆CIP数据核字（2024）第050343号

实战数字金融：金融科技案例集
SHIZHAN SHUZI JINRONG：JINRONG KEJI ANLIJI

出版
发行　中国金融出版社
社址　北京市丰台区益泽路2号
市场开发部　（010）66024766，63805472，63439533（传真）
网 上 书 店　www.cfph.cn
　　　　　　（010）66024766，63372837（传真）
读者服务部　（010）66070833，62568380
邮编　100071
经销　新华书店
印刷　肥城新华印刷有限公司
尺寸　185毫米×260毫米
印张　15
字数　260千
版次　2024年2月第1版
印次　2024年2月第1次印刷
定价　56.00元
ISBN 978-7-5220-2348-9
如出现印装错误本社负责调换　联系电话（010）63263947

《实战数字金融》编委会

主　编：

金磐石

副主编：

彭　钢　林磊明　雷　鸣　于宁哲

编委会主任：

崔志刚　刘东杰　李　涛

编委会成员：

刘　超　邵　亮　刘卫宁　王铁群　王集环　李宗民

曲　红　张迟南　吴筱瑛　傅　坚　王　双　刘　怡

王　韬　杨　萱　谭天娇　霍　然　张婷妍　孙　阔

孟　晗　张　毅　吴文玲　吴祎博　谷一荻　宋雨时

代玉淇　张晏玮　魏溥亭　姜明睿　刘俊伍

推荐序

在这个快速变化的数字时代，金融科技（FinTech）已经成为无数创新故事的中心，它不仅改变了我们日常生活中的支付方式，更深远地影响了全球经济的发展格局。身为香港科技大学的副校长，我深感荣幸能够为《实战数字金融》这本由建设银行专家们撰写的专著作序，更感谢他们对于推动金融科技领域进步的不懈努力和献身精神。

本书的核心是案例教学，这是一种历经时间验证的教学方法，源于哈佛大学，如今已经有超过100年的历史。这种方法以真实场景为基础，让学生通过解决实际问题，培养自己的决策能力和创新思维，这在金融科技领域尤为关键。案例教学法以其真实性、典型性、针对性、完整性和问题性，帮助学生在复杂的现实情境中学会分析和解决问题。这种教学方法的价值，正是本书所秉持的核心理念。

本书以亚里士多德在《尼各马可伦理学》中提出的人的灵魂掌握真理的方法为框架，将案例分为三个篇章——问道篇、求知篇和躬行篇，旨在从理论智慧、实践智慧和应用技术三个维度全面展示金融科技的力量。这些案例不仅涉及了金融科技的多个方面，如智能政法资金管理、移动互联平台、分布式微服务平台等，也深入探讨了金融科技在服务国家建设中的应用，如"建行全球撮合家"智能撮合平台、"裕农通"服务乡村最后一公里的案例等。这些案例不仅为我们提供了对金融科技实践中复杂性和挑战性的深入理解，同时也为我们提供了一幅金融科技未来发展的蓝图。

这一系列精心挑选和深度研究的实践案例也正是本书的核心。这些案例源于真实的商业场景，蕴含了丰富的经验教训和深刻的思考，是理论知识与实践经验的完美结合。我深信，通过这些案例的学习，读者能够更好地理解和掌握金融科技的应用，提高自己解决问题的能力，从而在金融科技领域取得更大的成就。值得一提的是，本书的编写并非简单地复制或翻译国外的研究成果，而是真正注重中国的实际情况，体现了深度的本土化。这种尊重和理解本土文化的态度，以及结合本土实际进行创新的精神，是我深深敬佩的。我相信，这种精神能够激励更多的人关注并参与到金融科技的实践中来，推动中国金融科技的发展。

在香港科技大学，我们始终坚信，将理论知识与实践经验相结合是教育和研究的核心。我们在金融科技领域与建设银行的合作，也是基于这一理念。我们不仅在教育上开创了共享资源、互利共赢的新局面，更在研究上促进了学术界与产业界的深入交流。本书不仅为香港科技大学的师生提供了宝贵的教学资源，也为全球金融科技社区的每一位成员提供了宝贵的知识、建议和启发。通过深入分析和学习这些案例，读者们将从这些案例中汲取到灵感，激发创新思维，推进金融科技的发展，为全球金融服务业的繁荣贡献出自己的力量。

在此我想特别强调，本书中所展现的，不仅是技术的力量，更重要的是它背后的思想——金融服务的本质是服务于人，技术的进步应当致力于提升人类的生活质量。建设银行的专家们通过这本书向我们展示了：当正确地运用金融科技时，我们能够实现更高的效率、更广的包容性以及更强的安全性。此外，正如本书所展示的那样，金融科技并不是一个单一领域的技术应用，它是一个跨学科、跨行业的整合体。金融科技的发展需要计算机科学、金融学、管理学等多个学科的知识和技能。香港科技大学一直致力于跨学科的教育模式，鼓励学生和教师跨出自己的领域，与他人合作，以培养具有全面视角的未来领导者。

在结束这段序言之际，我要再次对建设银行的专家团队表示感谢，他们不仅在金融科技实践中取得了卓越的成就，还在这本书中毫无保留地分享了他们的知识和经验。同样，我也要感谢香港科技大学的师生们，因为他们的好奇心和求知欲是我们努力推动创新的源泉。愿这本书能够激发每一位读者的思考，引领我们共同走向更加智能、互联的金融未来。

作为一所世界领先的研究型大学，香港科技大学始终致力于培养具有全球视野和创新精神的人才。我们与建设银行在金融科技领域有深入的合作，共同致力于培养新一代的金融科技人才。我相信，这本《实战数字金融》将为我们的合作提供宝贵的理论支持和实践指南，帮助我们更好地完成这一重要的使命。

最后，我期待您在阅读本书的过程中，能够从中获得深刻的洞见，增强您的专业素养，开拓您的思维视野，激发您的创新潜力。我相信，通过我们的共同努力，我们会在未来的金融科技领域看到更多的创新和突破。

愿您在阅读本书的过程中有所收获，也祝您在金融科技之路上越走越远，越走越宽。

汪 扬

推荐序

"金融科技"（Fintech）一词最早由花旗银行于1993年提出，顾名思义，意指由技术驱动的金融产品和模式的创新。金融科技在中国的发展历程大致可分为"电子化—互联网化—数字科技化"三个阶段。1993年，国务院在《关于金融体制改革的决定》中要求"加快金融电子化建设"。2000年以来，得益于互联网技术在金融领域的深度应用，金融信息化水平快速提升，尤其是近10年来，大数据、人工智能的全面发展推动了技术革新向金融领域加速渗透，数字化、智能化成为整个金融行业发展的必由之路。2016年，国务院发布《"十三五"国家科技创新规划》，正式将发展金融科技提升到国家战略高度。2019年，《金融科技发展规划（2022—2025年）》进一步制订了明确计划，全面开启了金融科技发展的大幕。2023年10月，中央召开金融工作会议，明确提出了"建设金融强国"的重大战略目标，要求"做好科技金融等五篇大文章"。

知之非艰，行之惟艰。虽然针对金融科技的顶层设计日趋完备、业界共识已经达成，但由于金融逐利属性、传统经营目标约束以及人才匮乏等因素的制约，当前我国金融科技的发展仍存在诸多问题。

首先，金融科技的发展需要以正确、坚实的价值观作为基础。金融天然具有趋利性，在互联网红利消失的存量时代，如何强化金融机构的大局意识、提升宏观战略思维，使之深刻理解、践行科技与效益的协同统一性，避免诸如互联网金融乱象、币圈陷阱等事件重演，推动科技支撑向主动赋能的功能转变，是金融科技健康发展的基本前提。

其次，受限于金融机构的稳健性经营目标，传统金融机构业务发展往往聚焦于合规与收益层面，金融科技研发的主动性与前瞻性不足。对于大型金融机构来说，牌照价值和行业优势地位带来的持续溢价使其在发展方向上产生了"路径依赖"，抑制了其在金融科技领域加大研发投入的积极性。对于中小金融机构而言，其业务模式相对单一，客户体量和经营规模较小，自身资本实力较弱，难以承受科技发展探索的试错成本，因此也缺乏科技研发投入的动力。然而，在新一轮科技革命的冲击以及日趋激烈的金融行业竞争格局下，金融机构面临外部环境"倒逼"科技转型的压力也越来越大，在某种意义上讲，科技转型能否成功已成为金融机构能否持续健康发展的关键所在。在此背景下，我国金融行业亟须行之有效的、以金融科技驱动合规及效益提升的成熟经验和案例予以借鉴。

最后，人才是行业发展的关键，面对日新月异的金融科技进步，高水平的金融科技人才更成为金融行业发展的核心生产要素。作为一个高校教育工作者，笔者深知，金融科技是偏重应用的学科领域，目前金融科技的实践经验主要集中在大型金融机构，而高校教育仍然埋首于传统的金融理论研究，知识体系以及传统"重理论、轻实践"的培养模式使"教育链"与"产业链"难以有效衔接。面对金融科技的迅速发展，高校既缺乏对其应用场景的深刻理解，在技术层面更是一知半解，教材、实践案例等教育资源也明显匮乏，最终导致高校金融科技人才的培养很难满足社会对高端金融人才的需求。

作为金融科技发展探索的排头兵与佼佼者，中国建设银行立足人本思想的核心价值观，践行国有大型金融机构的使命和担当，聚焦客户体验提升，勇于自我革命、直击痛点，在组织架构、技术路线、平台建设、业务模式等方面全方位融合升级。经过多年的努力探索，建设银行综合运用大数据、人工智能、物联网、区块链等技术手段，建立了覆盖房地产、教育、医疗、政务、养老、"三农"等国民经济重要领域的金融科技服务体系，有效发挥了金融科技对业务经营的驱动效应。同时，建设银行还积极总结丰富的金融科技发展经验，为整个行业的科技化改造提供了重要参考，有力推动了国家金融科技发展战略的进程。

本书是总结中国建设银行金融科技发展经验的重量级作品。全书通过深刻的政策及背景分析、翔实的案例、严密的逻辑结构，为行业提供了成熟的金融科技发展参考模式。于高校而言，本书的重要价值在于填补了金融科技人才培养的实践教育资源的空白。全书分为问道、求知、躬行三个篇章，从自上而下的分析视角，通过案例教学的方式，将理论智慧生动地落到具体项目案例上，对各个项目的产生根源、开发逻辑、业务流程及落地效果进行了全面讲解。在此基础上，辅之以启发性的引导思考，由浅入深，逐步升华，完整刻画了建设银行金融科技发展的逻辑脉络，有助于读者在实践中理解金融科技发展战略内涵、应用难点、发展前景，从而为行业培养金融科技领域的实践型、创新型人才。

未来已来，新的时代画卷已然全面铺开。面对百年未有之大变局，挑战与机遇并存，善建者行，必将成其久远。

谨以此序敬启读者阅之思之。

孙　早

马草原

序

  数字化时代是"普惠"的时代，互联网技术打破了信息传播的不对称性，当网络公平地覆盖所有人的时候，生产和生活都产生了令人称奇的变化。近年来，中国建设银行秉持大行担当，从服务普罗大众的本质和初心出发，开展了一系列新金融行动，通过科技手段重修"金融水利工程"，助力解决社会痛点难点问题，以金融高质量发展助力强国建设。

  科技是第一生产力，创新是第一动力。2023年中央金融工作会议指出，要"做好科技金融、绿色金融、普惠金融、养老金融、数字金融五篇大文章"。将"科技金融"摆在首位，既明确了金融资源倾斜的重要领域，也强调了要增加金融的科技含量，同时，"数字金融"首次被写入中央文件，其重要性日益凸显。建设银行沿着新金融的道路整合资源，以金融科技为支撑，以数字化转型为手段，实施金融科技自主创新行动，促进前沿技术融合应用，加快实现高水平科技自立自强，将科技创新力转化为金融服务力，让金融活水源源不断地流向实体经济最需要的地方。

  面对日新月异的科技进步、波谲云诡的国际形势、日趋激烈的市场竞争环境以及员工客户与时俱变的需求，我们所面临的风险和挑战比以往更加严峻复杂，金融机构需要与更多组织、更多系统协同共生，方能开辟可持续生长的新生态空间。在这一生态中，最高的科技表现是"懂得"，同时新金融也在借由科技升华着这样一种理解与共情。从"各美其美"到"美美与共"，从"独善其身"到"和合共生"，在构筑新金融生态的同时，建设银行试图拆除的不仅是物理空间的"隔断"，更是思维领域的"围墙"。共享，尤其是科技资源的共享已然成为新金融服务的"源代码"。

  在这几年的实践与探索中，建设银行通过金融科技解决社会急迫问题，着力让科技的力量造福大众，让算法服务大多数人的利益，打造了一批在业内具有一定影响的金融数字化转型典型案例。作为国有大型商业银行，在构筑新金融生态的同时，有责任以共享思维将自身金融科技实践向高校、中小银行、金融机构赋能，助力打通创新链、产业链、资金链、人才链，促进国家金融科技水平整体提升。

在新金融实践中我们越发认识到，共处同一生态中的我们总是休戚与共，社会期待与自身期待总是一脉相通，社会责任与自我负责又总是相合相融。近年来，国家陆续出台《关于深化产教融合的若干意见》《建设产教融合型企业实施办法（试行）》《国家产教融合建设试点实施方案》等一系列文件，为产教融合工作指明了方向。建设银行作为国家首批63家产教融合型试点企业之一，同时也是"新金融人才产教融合联盟"的牵头发起单位，有责任也有义务和各单位成员一起，认真思考和探索产教融合的实施路径。

2018年，建设银行创新成立建行研修中心（研究院），从城市到乡村，从企业到院校，从试点到示范，不断铺陈产教融合势能，作用于教学和生产的相辅相成，推动着科技进步和科研成果落地，也萃取收获了许多鲜活的金融科技实践案例。这些案例生动反映了大型商业银行利用金融科技破解社会痛点的具体过程和实际效果，对开展金融科技教学的高校和相关从业人员具有一定的借鉴意义和参考价值。我们希望通过这本《实战数字金融》，将银行的实践案例分享到高校课堂，增进高校对金融科技行业应用场景和实务工作的理解，解决象牙塔中学生对实践认识不足的问题。同时，也希望为广大读者尤其是金融科技从业者带来启迪，启发广大从业者在金融科技服务普罗大众的实践中实现自身职业价值。

我们试图以此记录和回望，也期冀由此激发更多和而不同的火花，让更广泛的大众更顺其自然、顺理成章地获取金融服务，共享现代文明发展成果。

田国立

导言

在19世纪八九十年代，哈佛大学法学院率先将案例引入法学教育中，在课堂上采用案例对学生进行职业训练，其后哈佛医学院也开始使用案例教学，随后案例教学法逐渐扩展到了商科教育。哈佛商学院于1921年正式推行案例教学，至今已经有超过100年的历史。如今经过完善推广，案例不仅在高校教育中广受欢迎，也在企业培训领域得到了广泛应用。

案例如此受欢迎，那么案例究竟是什么呢？

案例（Case）又称个案、实例、个例、事例等，最初是指医疗部门根据临床诊断记录下来的具有典型意义的病历资料，后来多在商业管理领域使用。在《毅伟商学院案例教学》中，认为"案例是对真实情况的描述，一般涉及一个组织中一个人或很多人面临的决策、挑战、机会、问题或难题"。[1]案例包含以下几个基本特征：真实性、典型性、针对性、完整性、问题性等。

虽然国际上有许多成熟的案例模板和经验，但是如果采用"拿来主义"直接模仿，案例成果必然会存在水土不服的问题。在深入研究借鉴案例的国际经验之后，我们结合中国文化、高校需求和建设银行实际，开发出了一套具有建设银行特色、同时适用于高校和企业案例教学的案例模板，完成了这本金融科技案例集。

为何开发这本案例集？

随着案例应用范围的不断扩大，案例教学早已超出了工商管理专业领域，囊括了经济学、工程学、教育学等各种学科。近年来随着金融科技的快速发展，高校

---

[1] 迈克尔·R·林德斯，路易丝·A·林德斯，詹姆斯·A·厄斯金.毅伟商学院案例学习（第4版）[M].赵向阳，黄磊，译.北京：北京师范大学出版社，2011：8.

金融科技专业的学生逐渐增多，在学习中对案例的需求十分突出。但是目前公开出版的金融科技案例集寥寥无几，以大型商业银行的实践为基础的金融科技案例更为罕有。

为了培养面向新时代的高素质人才队伍，国家对企业与高校合作培养人才提出了明确要求，鼓励建立产教融合育人机制。《教育部产学合作协同育人项目管理办法》中提出："企业提供经费、师资、技术、平台等，将产业和技术最新进展、行业对人才培养的最新要求引入教学过程，推动高校更新教学内容、完善课程体系，建设适应行业发展需要、可共享的课程、教材、教学案例等资源并推广应用。"

建设银行积极响应国家产学融合的号召，担当大行责任，创新举措，开发了适用于高校教学的金融科技案例集。**本书既非单纯的建设银行金融科技的宣传和介绍，也无意于探讨金融科技的精深理论，而是希望能将建设银行应用金融科技的一线实践经验和高校案例相结合。**一方面，通过为高校学生提供亟需的真实案例，融入高校教学计划，**帮助解决人才培养与企业需求割裂的传统问题，为社会培养更为优秀的专业人才**；另一方面，通过总结建设银行近年来的金融科技实践，并找到其中蕴含的理念，既低头走路也抬头看路，**总结这些案例的经验举一反三，为致力于金融科技领域的读者提供思考和借鉴**。

案例集分成哪几部分？

亚里士多德在《尼各马可伦理学》中提出，人的灵魂有几种不同的方法或能力来掌握真理[①]，本案例集参照这个能力框架，**将全书分为三个篇章，分别是"问道篇""求知篇""躬行篇"**。"问道篇"对应理论智慧（sophia），从科技伦理、差异化战略、核心价值观等多个角度切入，探寻金融科技的战略逻辑和伦理价值，旨在丰富读者战略理论层面的认知；"求知篇"对应应用技术（techne），展现了物联网、人工智能、大数据等新技术的发展，彰显科技变革促进应用发展的力量，旨在让读者更为深入地了解技术应用；"躬行篇"对应实践智慧（phronesis），聚焦乡村振兴、国际金融、住房金融等热点领域，展示了金融科技有力支持国家建设的实践，旨在提升读者对金融科技解决现实中问题的认识。

本书中案例均来自真实业务情境，文中涉及的人物、地点、机构等为化名，部分数据进行了修改。如因化名和细节修改引起任何雷同，纯属巧合。

[①] 亚里士多德.尼各马可伦理学［M］.北京：商务印书馆，2003.

案例集中的案例适用于什么情况？

案例作为案例教学的载体，它的应用和案例教学密不可分。案例教学是根据教学目标，利用案例开展教学活动，指导并组织学生进行学习和研讨，加深学生对抽象理论的理解，巩固其所学知识，并培养学生分析和解决问题能力的一种教学方法。

可以看出，案例教学的目的不是单纯的传授知识、技术等标准的信息（Information），而是为了培养学生在复杂情景下解决问题的能力（Ability），包括发现机会或问题的能力、想象可替代的解决方案的能力、分析与批判性思考的能力、制订计划与执行的能力等。

在每一篇案例中，往往能够高度还原现实生活的复杂情况，其中就蕴含了亚里士多德提出的各种"掌握真理的方法"，因此案例尤其适用于新兴领域中的复杂问题，这些领域的理论可能还未完全成熟，而企业实践已经有了诸多探索。**学生在学习这本金融科技案例集时，通过案例中详细的背景和实践过程，能够学到理论知识如何在各种层面上与实践结合，以及在复杂的现实中怎样做出正确的决策。**

如何更好地使用本书？

我们为读者提供了一些阅读使用的建议，不管您是老师，还是希望通过阅读自学的学生，或是金融科技领域的从业人员，都希望您可以参考这些建议，高效率地利用好这本案例集。

对于老师，希望可以围绕案例中的学习目标和思考题，在课前计划好详尽的课堂设计。

一是设定学习目标。每一篇案例的摘要之后都有学习目标，这体现了案例最想让读者学习到的核心内容。老师可使用案例中的学习目标，也可根据整体教学安排和案例中其他的信息适当调整教学目标。设定教学目标时，可以结合知识、应用、价值观等多个层面，以此指导课堂讨论的过程。

二是计划好课堂的讨论过程。在课前设计时，老师可以参考案例最后的思考题，设计可能引发争论的问题。案例讨论中需要有观点交锋才能激起学生的参与兴趣，因此讨论题最好是可以从多角度回答的问题。课堂上将思考题穿插在教学的过程中，并采取一些教学策略，如投票表决、角色扮演、让不同观点的两个学生直接对话等。

三是设计好总结的方式。每次下课前，老师需要利用最后的阶段总结案例讨论的结果和要点，帮助学生从某个特定的案例情景中提炼出更加宏观的理解。因此在课堂设计时，也可以找到案例和已有理论的相关之处，在课程结束时将案例经验总结升华到理论。

对于学生和金融科技领域的从业者，希望可以带着主动的心态，对案例情景进行自己的分析思考。

无论是课堂学习或者自学，学生都需要自主认真阅读案例资料，并查找相关背景信息，以便理解和进入情境并进行针对性的分析思考。第一，在每一篇案例的阅读过程中，可以先看一下摘要，对案例整体有概括了解，之后阅读学习目标和思考题，带着问题通读案例全文。第二，如果阅读后觉得对学习目标还有些没有完全领悟，可以继续查阅相关知识和理论，结合自身的认知和实践经验，按照自己的思维方式形成观点。第三，案例学习重要的是学以致用、学有所用，当未来在复杂的现实情境中遇到案例中类似问题的时候，灵活运用通过案例学习到的综合能力，做到发现问题、思考问题、解决问题。

目录

问道篇——探寻金融科技的战略逻辑

让技术重回"人本"属性——手机银行同质化破局的"减法之道" 3

差异化战略助力构建金融新生态——建设银行"建行生活"平台实践案例 16

探索架构转型 实现安全可控——分布式微服务平台案例 25

降本增效推动技术演变——容器云平台案例 34

金融科技践行社会主义核心价值观——智慧政法资金管理平台案例 44

技术促动渐进性组织流程再造——"移动互联平台"案例 53

挖掘数据要素价值 破解普惠金融难题——"建设银行惠懂你"App案例 64

求知篇——求索科技变革之路

系统性思维助力金融科技——敏捷研发平台案例 77

金融科技平台搭建"六步法"——建设银行安心养老综合服务平台开发案例 84

系统快速迭代，满足用户需求——建设银行"云工作室"案例 95

万物在线带来的效率、成本、安全革命——物联网平台案例 104

产品思维驱动AI效能释放——天权人工智能平台的能力构建之路 113

数据赋能，智变金融——大数据平台案例 121

躬行篇——践行金融科技服务国家建设

科技赋能，一撮即合——"建行全球撮合家"智能撮合平台案例	133
金融科技技术与金融业务的融合升级——区块链平台案例	142
科技推动商业银行渠道变革——"裕农通"打通服务乡村最后一公里	149
重塑需求理解 "智"治乡村治理——智慧村务综合服务平台案例	157
技术微创新改善用户体验——"农村产权交易平台"案例	165
"金融+"模式助守集体"钱袋子"——农村集体三资监管平台案例	176
以金融科技助力土地制度改革数字化——土地三权分置相关平台搭建案例	185
聚焦用户需求 提供精准服务——建融慧学校园综合服务平台	192
"双管齐下"让平台"精准定位"——建融智医综合服务平台案例	201
服务民生大计 践行数字安居——建设银行"数字住房"平台实践案例	209

后记	219

问道篇
——探寻金融科技的战略逻辑

让技术重回"人本"属性
——手机银行同质化破局的"减法之道"

◎作者：杨萱

案例摘要：手机银行App作为金融科技前端的主要输出产品，已经成为银行的重要门户和承载客户的主要载体。近年来，各家手机银行App虽不断迭代，但仍摆脱不了场景服务、产品功能、营销活动等普遍同质化的问题。随着互联网红利逐渐消失，存量时代下，用户体验渗透贯穿于用户自进入退出的整个旅程，其精细化运作成为金融机构打造差异化的重要抓手。基于此，各家银行纷纷"各显神通"，依托前沿技术不断叠加炫目功能、丰富视觉页面，希望以此牢牢"黏住"用户，增加其使用时长。在此背景下，建设银行"逆潮流"而行，通过"减法策略"提高用户体验，着重对视觉界面、用户旅程、冗余信息"做减法"，最大限度尊重用户的页面自主选择权限，将前端用户操作的复杂性转移至平台后端处理，并通过AI技术实现精准推荐，坚持让技术回归人性、回归用户的真实需求，将节约国民总时间、提升社会总效率、最大化发挥科技对社会的整体贡献作为目标，使手机银行App更加简洁、易用、高效，成为建设银行业务转型、品牌维护、价值创造的核心与竞争制胜的重器，不仅为手机银行App开发迭代提供了新的思路方法，更为企业践行科技向善理念提供了一份生动的实践案例。

关键词：科技向善；金融科技以人为本；手机银行App；用户体验；减法策略

学习目标

- 了解并思考如何将"科技向善"与金融科技"以人为本理念"应用于软件设计开发过程。
- 了解软件开发升级过程中的"减法策略"。

引言

在万物数据化、智联化时代下,金融离不开科技的支持。但科技并非包治百病的"万能药",究竟应该如何利用?1973年,英国经济学家E.F.舒马赫在《小的是美好的》一书中提出,"现代世界是由技术塑造的,如果技术看上去越来越不人性,我们也许应该想一想,能否代之以更好的事物——即具有人性的技术"。①

近20年来移动互联网快速崛起,给人们的生活方式和习惯带来了巨大的改变。互联网金融平台以摧枯拉朽之势完成对银行多项业务的渗透,第三方支付平台逐渐占据移动终端,给传统银行业带来了巨大的冲击。以网点为主要阵地的传统经营模式面临着流量持续下降、业务离柜率攀升、客户结构老龄化、触达效率较低等一系列问题,新一代互联网用户已基本与网点"失联"。在此背景下,银行与时代共进,开始思考数字化转型的新命题,大力发展金融科技,通过手机银行App这一移动金融平台的开发迭代抢占市场先机。然而,经过十余年的跑马圈地,流量红利基本结束,手机银行市场已然由"增量阶段"迈入"存量阶段",竞争白热化下,相较于拉新,如何利用技术的迭代更新维护好存量用户成为了各家银行面临的共同难题……

一、绕不开的同质化,深耕体验成关键

作为国内首家推出手机银行服务的国有银行,建设银行早在2000年前后便尝试在移动服务领域进行探索,曾陆续推出STK手机银行、移动WAP版手机银行等。2011年手机银行1.0版正式问世,引领了移动金融服务从功能机向智能机的转型,并不断致力于技术更新和场景渗透。时至今日,建行手机银行App已然成为与客户接触的线上渠道、提供金融和场景服务的主要载体,是建行数字化转型细致深度布局的具体表现。

---

① E.F.舒马赫.小的是美好的[M].成都:四川人民出版社,2022:135.

> **小看板**
>
> 2011年建行手机银行App1.0版正式问世。2012年推出手机银行2.0版本，金融服务从相对简单的交易辅助功能向全业务领域的金融功能转变；2014年3.0版本增加了消息推送、业务提醒等更多的服务，一些功能比线下渠道优先安排部署；2017年的4.0版本在页面增加广告栏位等信息，从交易辅助型向自主营销型转变，手机银行开始拥有了互联网生态下自主获客经营的能力；2021年推出手机银行5.0版本，致力于为用户提供数字化、智能化、个性化的综合金融服务，让手机银行成为用户享受数字服务的第一触点；2022年12月，建设银行正式推出手机银行2023版，手机银行已经成为建设银行服务人民美好生活的"超级平台"。

而在市场急速膨胀、版本不断迭代的过程中，各家App却逐渐越来越像。这与银行业本身业务的同质化密不可分，也就造成了银行业App除了图标、功能菜单布局略有差异外，整体风格、提供的功能都不可避免地极其相似。叠加移动互联网的流量红利逐渐消失，新增用户增长逐渐触及天花板，未来用户的增长空间会不断缩小。开发团队敏锐地意识到，数字化转型过程中，手机银行已经进入迭代深水区，如何在同质化泛滥的市场中脱颖而出，以更好的用户体验留下现有的存量用户，进而实现价值创造，才是App得以长期发展的关键所在。"这就像厨师做菜，虽然用的是差不多的食材，但我们却要做出和他人不同的独特风味"，开发团队的负责人比喻道。

二、视觉界面"做减法"，尊重用户选择权

深耕用户体验的第一步，从触达客户的"门面"——App界面入手。但朝何种方向打造差异化优势，成为摆在团队面前的第一道难关。

（一）页面"大而全"，乱花迷人眼

一方面，多年来用户早已形成使用惯性，必须考虑到用户使用习惯的延续性，如对已有功能的入口位置、页面风格进行大改，反而会引起操作不适，甚至导致用户流失。另一方面，与其他行业相比，银行机构的监管尤其严格，在管理制度的

框架下，App页面中某些规定内容的字体大小无法为了追求美观而随意改变。多重因素制约下，以往各家银行大多选择逐步"做加法"，即致力于比拼页面功能丰富度，在已有功能的基础上不断叠加，通过页面功能的"大而全"绑定用户，让App成为承载银行各个板块不同领域产品服务的主要渠道。

但是在功能"包罗万象"、服务"琳琅满目"的同时，却逐渐出现了"乱花渐欲迷人眼"的反馈。App集纳内容过多，成为信贷、理财、缴费等各种功能的堆砌。从视觉上看，页面内容越多，用户的认知负担就会越重，在信息过载的情况下，难以在海量信息中找到自己所需的功能。多次研讨后，团队决定：既然"做加法"的路子行不通，那就试试"做减法"。

（二）精简不是被动删减，自主权限才是关键

但"做减法"就意味着直接减少页面功能吗？绝非如此。每个用户都有自己独特的需求，这便需要根据用户需求精简首页，仅留下用得到的功能。

基于此，团队最大限度放宽了用户的首页定制权限。除置顶区的"账户查询、转账汇款、贷款、扫一扫"四大金刚功能外，"常用功能区"沿用了"9+1"的十宫格模式，用户点击"更多"，可以在全部功能中挑选出自己所需的高频功能并移至首页，前后顺序支持自选，更为重要的是，系统并未设置用户必须保留的功能项，支持全部功能移除。在首页楼层定制上，也支持用户自选楼层卡片，财富精选、网点服务、优惠专区等12个楼层同样可以"一个不剩"地移出首页，何时需要，既可通过搜索页面直达，也可将楼层重新选进首页面。极致状态下，首页面占比甚至不到半屏。在满足用户个性化需求的同时，最大限度减少用户视觉负担，保证页面简单、直接、清晰，用户可以快速找到想要使用的功能（见图1）。

图1 建行手机银行App2023版默认首页及极简个性化定制效果

在如今大而全、杂而广的环境中，建设银行的"精简之道"逆流行之，并没有强硬机械地对已有功能进行替换删减。相较于其他手机银行App，建设银行在界面上尊重了用户的个性化需求，最大限度地增加了自主选择的空间，将页面定制和选择权交给用户。以页面布局的"减法"换取界面体验的"加法"，从而打造手机银行差异化竞争力。

三、用户旅程"做减法"，复杂性转移至后端

在利用极简页面以打造"差异化观感"的同时，建行在使用体感上的优化思路也在向更落地的方向转型。

（一）旅程精简知易行难

移动互联时代，市场上推出的金融产品大多能快速被模仿，成熟期的产品功能大同小异，难以长期成为手机银行App的核心竞争力。团队研究后发现，随着生活节奏日趋加快，用户短时间内得到高质量体验的要求日益增高。如果移动App操作步骤冗余烦琐、反馈不及时，易导致用户产生烦躁情绪，甚至转向第三方平台。面对同样一个功能需求，谁能最快响应并反馈，谁就能赢得客户。因此，快捷简便的用户旅程能够构筑手机银行独有的护城河，形成明显的正反馈效应。若要抢得先机，亟须开展深层次的用户旅程优化工作，打造没有断点的操作旅程，规范流畅的交互设计。而这考验的是银行信息技术水平、组织架构、思维文化等多方面的能力。

> **小看板**
>
> 用户旅程（User Journey）又称用户旅途，是指用户从首次接触直至下单以及享受产品或服务期间，用户与企业产品或者平台互动的全过程。

对同一项金融功能而言，为什么支付宝、微信等互联网金融平台的操作流程普遍更加简便？除了银行相较互联网机构所面对的监管的和合规性要求更加严格外，还与手机银行的历史有关。各家手机银行上线之初，往往将App视作网点、智能柜员机等渠道的补充，简单地将业务看作由员工在柜面替客户操作代理变成客户自主交易，因此在设计App架构和内容时，难免会将线下业务流程简单地复制移植到线上，并随着业务发展不断"打补丁"。当线下办理业务的步骤、流程照搬到线上，业务定位和业务处理并非按照客户旅程场景构建而成，而是依旧基于自身系统考量制定。于银行而言，这是保障业务逻辑的正确性和线上系统安全稳定性的低成本选择，却导致客户操作步骤繁多，使用体验大打折扣，难以感受到线上系统独特的快捷便利。

直接精简业务流程不就行了？"精简"二字听起来容易，实则牵一发而动全身。银行业务重要且复杂，业务流程的梳理重造更需涉及诸多考量。其一，需要权衡好安全合规和使用体验的关系。App中包含大量资金转账、购买、交易以及身份验证、收集、处理等重要事项，同时沉淀了海量用户信息。每个步骤都涉及资金安全、账户安全和用户隐私安全，需要时刻把安全性放到首位，最大可能将风险降到最低，因此有些步骤"必不可少、万不可删"。其二，需要协调好各部门的协同配合。App上看似独立的单项业务，实则涉及银行系统的多个部门，轻易整合或改动某一步骤，极可能影响某些部门的业务完成度或业绩考核，背后甚至牵涉组织架构、考核机制的配套变革，对于大型组织而言无异于"大象跳舞"，对组织协调能力提出了更高的要求。

（二）前端问题后端解决

根据泰斯勒所提出的复杂性守恒定律，简单的本质是转移复杂性，每个应用程序都具有其内在的、无法简化的复杂度，需要设法调整、平衡。软件开发不得不面对的问题是，该由谁来为这一固有的复杂度买单？多方研究后，团队决定将复杂性从前端移至后端，针对前端旅程烦琐的问题，在平台后端下功夫。

> **小看板**
>
> 　　复杂度守恒定律（Law of conservation of complexity）也称泰斯勒定律（Tesler's Law），是由泰斯勒（Larry Tesler）在1984年提出的设计学理论。
>
> 　　根据复杂度守恒定律，每个应用程序都具有其内在的、无法简化的复杂度，无论在产品开发环节还是在用户与产品的交互环节，其内在的复杂度都有一个临界值，到达临界值后就不能再简化了，这一固有的复杂度无法依照意愿去除，只能设法调整、平衡。唯一能做的就是将固有的复杂性从一个地方移动到另外一个地方。

　　以往的平台形式为"前端厚，后端薄"，即将大多交易流程铺陈至前端用户界面及用户交互中，用户一步步按流程操作，每步操作均需将请求发至后端处理，直至业务流程结束。用户需不断跳转至其他页面，响应时间长，操作流程烦琐。而打造系统的目标应是"前端薄，后端厚"，即用户在前端通过极少的步骤，以"组合方式"将交易需求发至后端请求结果，后端一次性接受多个来自前端的请求，规模化解析请求参数和数据，迅速生成响应结果，并将结果返回给前端，实现高并发处理。

> **小看板**
>
> 　　App应用的开发通常涉及前端和后端两个方面的工作。前端主要负责展示页面和用户交互，后端则处理数据和逻辑。
>
> 　　前端开发是创建Web页面或App等前端界面呈现给用户的过程，通过HTML、CSS、JavaScript以及衍生出来的各种技术、框架、解决方案来实现用户界面交互。
>
> 　　后端开发指的是运行在后台并且控制前端的内容，负责程序设计架构以及数据库管理和处理相关的业务逻辑。它主要负责功能的实现以及数据的操作等。

目标确定后，团队按照实际需求对线上业务操作流程进行深层次调整，并对业务逻辑层级和点击次数进行量化测试分析，有的放矢地梳理出了用户使用频率占比98%以上的共计49项业务并进行重点优化。如在安全校验环节，创新应用可信环境识别提升安全性，收集用户数据，并在系统后台设置专门组别用于存储用户授权状态，使用户无须次次点击、重复授权，在保证安全防护的前提下精简安全校验环节；如在阅读协议环节，最大限度平衡监管阅读要求与用户体验，将协议以"半屏"形式展现，并添加滑动功能，支持在打勾页面中直接阅读，不再强制用户跳转至全新界面阅读协议；如在余额查询环节，根据用户行为沉淀的数据科学研判余额查询后行为，提供转账、基金购买等其他功能入口，实现用户旅程闭环，满足用户全流程需求；如在转账环节，根据用户画像自动推荐常用转账对象，用户点击对象即可填写交易金额实现转账，最大限度简化交易步骤。

时至今日，建行手机银行2023版响应时间进一步缩减，启动时间较上一版本减少约20%，实现了高频重点功能三步进入、任务流程五步完成，需求响应速度越来越快。把复杂转移至后端，最大限度减少用户的前端处理流程，摆脱冗余操作，以用户旅程的"减法"换取交互体验的"加法"，打造手机银行差异化竞争力。

四、冗余信息"做减法"，算法助力精准推荐

除了在视觉页面及用户旅程上做减法外，团队通过科技智能手段，基于更加个性、简洁、精准的用户推荐，最大限度消除或隐藏用户面临的冗余信息，增强个性化体验。团队负责人表示，"用户不是探险家，不需要寻宝似的探索，要将用户需要的核心功能直接明了地呈现在眼前"。

（一）冗余信息过多，用户体验递减

现如今，各家银行App中无处不在的信息一定程度上影响了用户体验，开屏广告、弹窗广告、滚动广告甚至强制提供个性化推销服务给用户带来不少困扰，"猜你想要"并非用户需要，信息过剩反而造成了认知负担，手机银行一定程度上已经成为各家银行盲目炫技、配置产品、罗列服务的端口。随着功能信息的不断增多，用户体验呈现边际递减。这便需要适度弱化功能信息，以不打扰用户的方式博得关注，归还用户本应拥有的舒适体验。而这背后需要强大的数据分析和用户模型搭建能力，来支撑用户真实需要的"精准推荐"。

（二）智能化AI精准推荐，增强差异体验

技术是智能推荐的引擎，而数据则是该引擎的燃料。手机银行App沉淀了大量的用户数据，通过边缘计算等数字技术可以精准把握用户需求，根据用户偏好、使用场景和使用操作迅速做出反应，提供智能化"一人千面"的个性化产品和服务。

针对高频用户，因常用功能较多，可基于用户数据综合分析各功能的时间系数占比，并利用自动调节步长技术对首页显示功能进行自动修正替换，如某一功能在一定时期内未触发，将自动隐藏至二级页面，如重新多次触发，将前移至首页。

> **小看板**
>
> 自动调节步长技术（local time stepping，LTS）是一种局部时间步长求解器。该求解器建立于局部时间步长下，它会提取pimple算法控制字典t里面的maxCo与maxAlphaCo，并以此为依据，根据本地计算条件，计算当前网格的时间步长deltaT。

针对低频用户，使用痕迹较少甚至几乎为0，此时系统将自动放置热门功能并进行随机更换，通过客户的主动行为或被动行为进行联想设计，基于大数据抽取联想用户是否需要理财、基金、大额存单等其他功能，最大限度保证所呈现功能与用户需求的匹配性。

与此同时，团队大胆地在手机银行"二楼"开展了"革命性探索"，不同于传统银行App信息过载、广告泛滥的现状，用户在手机银行"首页"下拉即可直达"二楼"。"二楼"仅保留用户使用频率高的功能图标和组件，各项功能会按照用户的使用习惯进行分类排序，避免了众多功能的密集填充。没有广告、没有轮播、没有专区，用户一键就能直达所需。呈现在用户眼前的是用户自己想要的服务，而不是银行希望用户办理的业务，将"二楼"区域打造成只有用户高频服务的全新空间，一定程度上实现了手机银行自身的"断舍离"。如同走进一家美发店，没有办卡，没有推销，只有最熟悉你偏好习惯的美发师，无须多言，只要坐下片刻就能得到最满意的发型。

图2 建行手机银行2023版"二楼"AI界面

五、回归科技的第一性原理：减法背后的"以人为本"

技术的最终目的是为人服务，在使用时要考虑其活动的目的手段以及后果的正当性。如果在提升曝光率、点击率、利润率等数字指标的原始冲动下盲目追求用户规模、功能丰富度以及技术如何使用更加炫目，App开发便可能走向误区。如何找到开发方向，还需要从金融科技的本质出发：以人为本。

（一）不做时间的围猎场

近年来，大量App致力于增加使用时间，进一步绑定用户，提高用户黏性，从而变现流量获利。界面布局通常采用没有尽头的"瀑布流"式设计，以增加用户停留时间，广告推销界面不定时弹出打断用户的本来操作，一定程度造成用户有限时间精力的严重透支，和"以人为本"理念背道而驰。《移动互联网行业数据研究报告》显示，近年来我国移动网民人均App每日使用时间不断上升，2017年第四季度起突破4小时/日，2019年第四季度起突破5小时/日，时至今日居高不下。基于此，团队决定跳出App"围猎用户时间"的怪圈，软件迭代升级的目的并非拖住用户，减法之下计算的是手机银行所节省的"国民总时间"。如果以更加长远的眼光来计算，App迭代一次，哪怕只为一个用户节省了5秒钟，综合计算下来，单次操作下便为4亿多用户节省了200亿秒钟，这是一个多么惊人的数字。

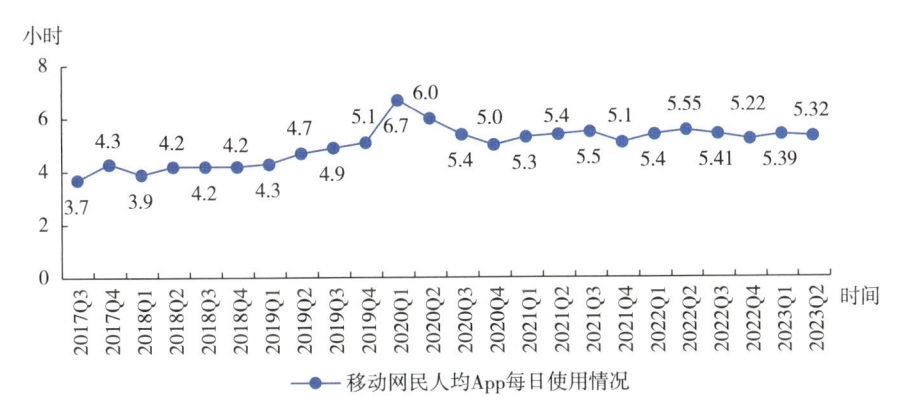

注：根据极光大数据各季度《移动互联网行业数据研究报告》数据绘制而成，数据周期2017.07—2023.06。

图3　移动网民人均App每日使用时长

（二）少即是多

1928年，现代主义建筑大师密斯·凡德罗提出的"Less is more"（少即是多）的设计理念同样给了团队启发。团队选择"减法"之道，并非与企业追求价值创造的目标背道而驰，相反，他们坚信"少即是多"，通过"减法"提升用户体验，彰显的是建设银行以用户为中心的价值观念，提升的是长久的品牌价值与用户认可，带来的是更加持久的增长。如同《小的是美好的》书中所说："朝着日益精密复杂的方向前进并不难，重新捕捉直接性和简洁性则要难得多。任何三流工程师和研究人员都可以提高复杂度，但使事物再次变得简单则需要某种真实的洞察力。"[①]

---

① E.F.舒马赫.小的是美好的［M］.成都：四川人民出版社，2022：143.

> **小看板**
>
> "少即是多"（Less is more）是由建筑大师路德维希·密斯·凡德罗于20世纪30年代提出的。以简约精练代替繁复奢华，但又绝不是简单得像白纸一张，这种极简的态度影响波及全球。

结尾

手机银行如何利用金融科技在同质化的浪潮中实现破局？

建设银行并未在技术的加持下大肆野蛮扩张，而是将科技与人的关系拉回至良性状态，回归人本选择"至简"，开启了新的破局点。在做好充足积累和准备的基础上，通过"减法策略"将用户体验的正向反馈、节约国民总时间、提升社会总效率建立在银行长期的价值创造之上，这是一种理性克制，更是一种选择和坚守。背后需要系统内部各部门的协同配合，统一指挥、整体布局、整合资源，不断地进行用户研究、需求分析和数据分析，以及与用户的持续交流和反馈，是一个持续深耕的过程。

2022年底，继手机银行5.0版后，建设银行推出"手机银行2023"，将"减法之道"融入最新版本。截至2023年6月30日，建设银行线上用户数超过了5亿，其中手机银行用户数达到4.5亿，较年初增加1000万余，活跃用户数（当年）达1800万，月均月活用户（MAU）达1.32亿，同比增长10.09%，交易额达到45万亿元，交易规模、交易数据位居同业领先。

科技是一种能力，但人本是一种选择，"减法"背后蕴藏着建设银行在智能时代下的经营思路，也为手机银行App开发提供了另一种样本参考。可以预见的是，在手机银行"减法策略"与AI技术支撑的协同加持下，未来建设银行手机银行将实现更高的价值创造与更加敏捷的增长。

> **? 思考题**
>
> 1. 软件开发应如何应对科技伦理问题？是选择更多地占用用户时间增加黏性，还是选择节省用户时间提高效率？
> 2. 在软件开发迭代的过程中，"加法策略"与"减法策略"各自适合于何种阶段？
> 3. 如何确定软件的功能优先级？该如何判定哪些功能应该保留，哪些功能应该去除？

差异化战略助力构建金融新生态
——建设银行"建行生活"平台实践案例

◎作者：吴文玲、谷一荻

案例摘要：伴随互联网技术的迅猛发展和新冠疫情的"助推"，人们的生产生活方式正在发生着深刻变革，具备高效、便捷等优势的互联网金融行业迅速崛起，带来了消费方式的线上化转变。另外，互联网金融业务强势崛起，对本就竞争激烈的银行传统业务造成巨大冲击，传统商业银行正面临严峻挑战。

在此背景下，建设银行根据差异化战略，依托金融科技战略，将金融服务嵌入生活场景，打造的"建行生活"平台是以互联网模式提供金融服务的一站式生活场景服务平台，也是建设银行将金融科技运用于实践、将金融服务嵌入生活场景，通过非金融场景与金融服务融合的金融创新之路。

关键词：金融科技；建行生活；企业级平台；差异化战略

> **学习目标**
>
> ▶ 了解金融行业如何在金融科技的支撑下，运用差异化战略通过非金融领域寻求市场突破。

引言

近年来，随着数字经济的蓬勃发展，叠加新冠疫情的"助推"，居民的生活方式快速向数字化、网络化、智能化的方向转变，居民的消费模式不断变化，呈现出多元化、场景化、线上化的新趋势。同时，越来越多的新兴金融业态不断涌现，以第三方支付、网络借贷、大数据金融为代表的新兴金融产品不断刷新人们的视野，互联网公司凭借其强大的科技实力，创新推出在场景中与客户建立连接并提供金融服务的互联网模式，该模式凭借其便捷性、体验性、个性化的特点，已经逐渐成为居民消费非常重要的组成部分，这对以坐等客户上门为主要服务模式的传统商业银行带来了巨大挑战。

一、互联网快速发展，传统银行业困境丛生

（一）客户线上化趋势明显，与线下银行网点"断联"

随着客户行为全面向线上迁移，线下物理网点流量持续下滑，网点客户到店率屡创新低。对于传统商业银行而言，以网点为主阵地的传统经营模式面临着流量持续下降、客户结构老龄化、运营成本居高不下、触达效率偏低等一系列问题，更为致命的是，以年轻群体为主的新一代互联网用户，更为习惯在线上实现金融服务的满足，更是基本与线下银行网点"断联"。

（二）互联网金融强势崛起，侵蚀银行传统业务

面对互联网的迅猛发展以及人们习惯的变化，商业银行也在寻求创新应对变革，如打造手机银行、云工作室等线上渠道以完成线下客户的线上迁移，运用企业微信等方式与客户保持连接等，但由于金融交易自身的低频性，始终难以维系与客户的紧密连接。与此同时，互联网金融公司凭借其强大的科技实力，覆盖并做深高频刚需生活场景，捕获用户时间和交易形成垄断，同时将金融服务渗透至用户的生活场景中，培养并固化了用户在非金融场景中使用金融服务的习惯，对商业银行传统金融业务形成了侵蚀和挑战。

（三）同业同质竞争激烈，银行业务增长陷入瓶颈

由于国内银行数量众多，银行间产品和服务同质化严重，银行间的同业竞争激

烈，加之利率市场化的加快推进，使银行各项业务的发展进入瓶颈期。比如手机银行业务，在互联网时代下，手机将是最重要的智能终端，手机银行也会是银行业竞争的主战场，各家银行竞相通过优化用户体验、升级功能服务、开放场景生态等形式展开角逐，竞争激烈。

二、差异化破局，科技助力银行打造新生态

应对这些挑战，建设银行选择了差异化战略[①]破局。所谓差异化战略又称别具一格战略、差别化战略，是指为使企业产品、服务、企业形象等与竞争对手有明显的区别，以获得竞争优势而采取的战略。这种战略的重点是创造被全行业和顾客都视为独特的产品和服务。差异化战略的方法多种多样，如产品的差异化、服务差异化和形象差异化等。

"建行生活"平台就是建设银行根据差异化战略，依托金融科技战略，将金融服务嵌入生活场景，以互联网模式提供金融服务的一站式生活场景服务平台。平台不仅覆盖美食、商超、外卖、打车等众多生活场景，还可以办理住房公积金查询、建行信用卡申办、网点预约取号以及预约客户经理等便民金融服务。"建行生活"平台给民众带来了不一样的消费体验，以科技之手，为生活做裳，为金融服务注入温情和人间烟火。

差异化战略的目的在于使用户感受到企业的产品或服务优于其他同业的同类产品或服务。为了提升市场竞争力，企业必须能够提供有别于其他同业的个性化产品、服务和品牌。也就是说，为了建立差异化竞争力，建设银行需要考虑如何综合运用差异化战略在竞争激烈的市场中脱颖而出。在差异化战略中，定位描述很重要，它提供了企业产品或服务的基本信息，定义了该特殊产品或服务所能提供的特殊优势。那么，在面对市场上不仅存在很多类似于美团、大众点评等依靠非金融场景盈利的互联网头部企业，也有已

图1 "建行生活"App首页

[①] 冯俊华.企业管理概论［M］.北京：化学工业出版社，2006.

经开始利用非金融场景拓展业务的银行同业，建设银行"建行生活"平台又应该如何定位才能实现差异化战略呢？

（一）与互联网公司商业模式的不同

银行的商业模式与互联网公司并不相同。互联网电商平台的发展以流量争夺为始，以变现盈利为终。虽然互联网头部企业打造的生态圈是"非金融场景+金融"，通过将金融产品嵌入生态内，获取传统银行业的长尾客群，但是这些互联网企业更加注重对自身非金融场景的搭建，因为只有通过大量的场景自建形成非金融场景的生态圈才能在激烈的市场竞争中存活，其更注重开拓核心业务以占据头部位置，金融业务只是这些头部企业拓展自身业务发展的一环。

与互联网先做场景和流量再去摸索变现可能性不同的是，商业银行是一个早已成熟运转的行业，经过多年积累，形成了多维度稳定盈利的金融业务，自身也具有较多的存量客户，所以互联网企业追求变现的商业模式并不适用于银行。银行业更注重自身金融业务的发展，商业银行更加聚焦于如何从已经存在的变现出口倒推寻找提升效率的方式手段。由此可见，非金融场景只是引流的一种渠道，客户的非金融场景在哪里，银行就可以依靠这些非金融场景更好地获客、促客、活客。

"科技+场景+生活"平台的搭建，对于银行来说是金融业务触达客户、服务客户、活跃客户的手段，而互联网企业是目的。这种本质区别使得建设银行在"建行生活"上展现出一种全新思路，既不完全照搬互联网，又抓住金融本质，并把两者结合起来——用互联网思维来做金融。

互联网企业的成功在于为客户提供了方便和效率，站在客户的角度思考问题，所以才会拥有流量。那么在现有商业模式的基础上，借鉴和运用互联网企业的这种模式，学习互联网平台化、场景化经营手段组织流量，从利他的角度出发，增加一个为客户提供服务和价值的线上渠道，不仅能够让更多的客户获得生活便利，同时也将建设银行的金融服务"埋"于链路之中，就是建设银行对"建行生活"平台的定位。

相较于传统的金融服务，这种全新的方式在金融服务的本质上没有发生任何变化，只是在服务对象和服务方式上取得了新的突破——依托互联网对长尾客户的服务，实现服务对象的下沉和服务方式的场景化，同时从效率和成本等角度牵动金融的供给侧结构性改革，对传统金融形成补充和升级，在金融普惠化、提高服务实体经济效率、防范金融风险等金融关键职能上取得质的突破。

（二）与同业同质化产品的不同

综观银行同业的赛道，众多银行同业已经推出聚焦于非金融场景的本地生活服务类平台，并吸引了大批忠实客户，具有很强的先发优势。为了最大限度地发挥自身的竞争优势，找到独属于自己的"赛道"，建设银行在定位"建行生活"平台时考虑了三个方向。

第一，在体量上进行区分。与股份制商业银行相比，建设银行具有规模上的巨大优势，而量变会引发质变。许多行业都有网络效应，尤其在互联网领域，由于网络效应的存在，可能最终整个行业会形成"721格局"[①]，即第一名占整个市场的70%，第二名占整个市场的20%，剩下的企业只占整个市场的10%，在夹缝中艰难前行，这就是"721法则"。基于这种网络效应，只有具有一定的规模以获得规模经济才有意义。建设银行自身具有庞大的客户群体，只要能够利用"建行生活"平台更好地触达这些存量客户，建设银行就能影响市场、突破困境，此时互联网最具魅力、最具价值的部分就会"释放"给建设银行。

第二，打造企业级平台。其他同业的线上平台更多聚焦于消费金融业务，如信用卡业务等，非金融场景的搭建也更多地围绕着促进消费金融业务的发展进行。但是随着业务的不断发展，这种"小循环"所带来的效应越来越小，资源的边际效应逐渐递减，对于整个银行的业务"大循环"的促进作用越发薄弱。基于这种现象，建设银行将"建行生活"平台定位为企业级平台，通过布局信用卡业务、普惠业务、黄金业务等，带动整个银行业务发展的"大循环"。

第三，实施"双子星"战略。同业平台目前更多地集中于单个平台的运营，和行内其他App之间的联动较少。为了更好地发挥"建行生活"平台上的数据价值，建设银行希望打造"手机银行+建行生活"的"双子星"模式，实现两个平台之间的用户互认、场景互通、权益互享、流量互导、营销互动。随着"双子星"模式的不断运转，也会带来巨大的"飞轮效应"，带动银行在医疗、教育、养老、政务等领域的金融业务发展。

[①] Learning Philosophy［EB/OL］.（2009-11-25）［2023-12-20］. http://www.princeton.edu/hr/learning/philosophy/.

建设银行最终确定将"建行生活"打造成企业级本地化生活服务类平台，通过建造"金融+非金融场景"的生态圈来实现线上引流，以高频非金融场景聚集流量，最终回归金融服务，实现金融业务转化。这种方式也符合互联网客户和年轻客群的行为习惯，这种与传统银行不同而更接近互联网平台的样子，其背后的本质依然是金融。

三、"建行生活"平台的差异化运营实践

差异化战略不仅体现在战略层面，事实上在体现战略落地的运营层面同样重要。与线下实体网点渠道相对应，"建行生活"平台更贴近于一种线上获客的渠道。为了更好地执行差异化战略，找到差异化赛道，使这个线上服务平台能够更好地吸引目标客户，提升客户黏性，降低自身运营成本，建设银行在非金融场景的选择和搭建方面采用了"T型战略模式"。该模式的核心特点在于既注重纵向深耕，又兼顾横向拓展，取得了深挖"护城河"与广泛应对多变性、不确定性、复杂性、模糊性情境两者的有机平衡。

> **小看板**
>
> T型战略模式是一种综合了多元化和专业化的战略布局，它的核心理念是在传统的专业化基础上，通过多元化的拓展来实现企业的长期发展。在T型战略模式中，企业通过专业化的核心业务能力来确保自身的竞争力，同时利用多元化的拓展来降低风险和扩大市场份额。

非金融场景归纳起来主要集中在衣、食、住、行和游、购、娱几大渠道。由于非金融场景只是一种触达客户的模式，建设银行没有自建"建行生活"平台上全部的非金融场景，而是采用了"自建+与第三方合作"的方式。在纵向深耕方面，建设银行以某一细分领域的非金融场景，如餐饮、商超等作为核心，稳固"建行生活"平台整个非金融生态的基础，因为此类场景相对来说足够深、足够厚。比如说餐饮，依托于全国几百万个餐饮商户和鲁、川、粤、苏、闽、浙、湘、徽菜"八大菜系"，能够延伸出各种各样的榜单、各种套餐和代金券等多元化消费场景，再加

上中国人"民以食为天"的理念和社交的需求属性，这个场景足够深厚，足以支撑非金融场景的生态。因此对于这类场景，建设银行采用自建的方式来进行深度维护与运营，通过建立扫码点单、商户对账等线上功能提升客户的活跃度和忠诚度，创造"建行生活"平台的深度核心竞争力。

在横向拓展方面，建设银行则主要通过和第三方平台合作，引入单车、电影、住宿、机票、外卖等场景到"建行生活"平台上。虽然这类非金融场景也是高频场景，但是场景整体相对来说比较单薄。例如共享单车，当前市面上主流的共享单车公司只有寥寥几家，产品也一般局限于月卡或周卡的发放，场景不够深、不够广，可拓展性不高，无法支撑全部非金融场景的生态。因此对于这类场景，以效益最大化为目的，建设银行采用引入外部程序或者与第三方公司，如饿了么、美团、携程、青桔等合作的方式，一方面降低投入成本，另一方面依靠广度更多地触达客户，实现引流，创造"建行生活"平台的广度核心竞争力。

围绕"T型战略模式"，为创造"建行生活"平台的深度核心竞争力和广度核心竞争力，建设银行在"建行生活"平台上搭建了美食、商超、外卖、出行、电影演出、车生活等非金融场景，以此落地差异化战略，建立用户对"建行生活"平台的忠诚度，降低替代品的替代威胁。

差异化战略在具体操作层面上也大有可为。企业经营可实施"人无我有、人有我优、人优我转"的差异化战略，并加以归纳、提炼、总结与创新，形成竞争壁垒，提升企业竞争力。

建设银行以"数字人民币+建行生活"的执行策略，助力政府端实现数字人民币试点与推广，同时树立品牌效应，助力业务发展，正是差异化战略的极佳实践表现。

随着数字人民币试点稳步推进，数字人民币正成为恢复和扩大消费的一股新力量。不少地方政府通过持续在汽车、百货、超市、家电销售等重点消费领域发放数字人民币红包的活动促进消费。银行及互联网公司都在瞄准这项可以连接政府端、商户端和消费端的全新业务，竞争激烈。

建设银行青山支行以往是个传统意义上业绩落后的经营机构，大堂经常门可罗雀，5个网点中2个被省行列为低效整治网点，支行多项指标全省靠后。当地四大行排名中，支行网点、员工偏少，存款、客户明显落后其他三大行。可以说，支行客户和业务都处于落后位置。

2022年3月,"建行生活"平台在青山市正式上线,青山支行立即开始研究如何推广平台,并最终将"建行生活"平台作为战略突围的关键战役。最终,结合数字人民币的交易属性和"建行生活"平台自带的非金融场景,支行创新了"数字人民币+场景"的差异化推广策略,搭建支行与政府端、商户端和消费端三端客户的桥梁,从5个方面将金融服务融入非金融平台,具体措施如下。

一是连接政府端。通过"建行生活"平台投放优惠,并借助公职人员牵头体验活动,为支行进入政府单位背书。二是政府端带动商户端。以助力政府助企、惠民、促消费为契机,通过"建行生活"平台独家承接2022年6月、8月、10月共3次政府消费券近1000万元,引入并覆盖多个领域上百家头部商户,惠及全市数以万计的居民和游客。三是树立品牌。以助力政府回馈近8000名抗疫一线人员为契机,通过"建行生活"平台向指定人员发放优惠券,打响品牌效应。四是做大商户端。抓住品牌商家迫切需要获客引流为契机,与亚洲湾酒店等知名商家通过"建行生活"平台开展专题推介活动。五是突围消费端。以数字人民币福利嵌入小额高频生活场景,联合商家开展"天天减"、"周周乐"、一分钱坐公交等活动。

建设银行青山支行依托"建行生活"平台搭建全方位消费场景,助力政府推广数字人民币、开展助企惠民等活动,打响了建行品牌,收获了政府端、商户端和消费端三端客户的好评和喜爱,在2022年底获得了支行多个指标一跃成为四大行第一、全省前列的好成绩。

结尾

在差异化战略的指引下,截至2023年7月,"建行生活"平台的用户规模达到1.2亿,月活跃用户数为1433万,在线门店超过34万个,支付交易达到4042万笔,交易金额为18.4亿元;行外获客累计384.7万户,时点存款累计120.4亿元,日均存款累计96.8亿元;零资产客户累计激活1035.5万户,时点存款累计998.6亿元;收单商户累计21.4万户,时点存款累计245.9亿元;"建行生活卡"累计开通563.9万张;平台信用卡分期业务达到42.2亿元;"建行生活贷"贷款余额达到2.24亿元。

通过差异化设计和创新,企业可以提高产品的附加值和竞争力,建立品牌形象,降低成本和提高利润。尤其是在银行业竞争激烈的今天,贯彻差异化战略从选择到定位再到最后执行的过程,不仅有利于银行在红海竞争区域拓展业务,助推业务发展,还有助于在激烈的异业、同业竞争中脱颖而出,实现可持续发展。

思考题

1. 推进差异化战略需要重点分析哪些要素?
2. 应对市场竞争,差异化战略是否"万灵药",如何平衡风险与收益?
3. 金融行业如何利用非金融场景作为突破口,非金融场景和金融服务的底层逻辑的相同和不同之处有哪些?

探索架构转型　实现安全可控
——分布式微服务平台案例

◎作者：宋雨时

案例摘要：金融基础设施是金融市场稳健高效运行的基础性保障，也是实施宏观审慎管理和强化风险防控的重要抓手。为推动建设具有国际竞争力的现代化金融体系，有效发挥金融市场定价与资源配置功能，需要进一步加强对我国金融基础设施的统筹监管与建设规划。在内外部局势复杂多变、关键技术"卡脖子"等挑战下，提升自主可控能力、有效增强技术供应链韧性以确保安全稳定的必要性进一步凸显。为支持国内自主研发产品和技术落地应用，金融领域启动了信创改造。在银行IT架构方面，主机系统与集中式架构以其高可用性、高吞吐率而备受大型银行的青睐。然而，伴随金融业务场景化、线上化趋势逐步显现，商业银行核心业务量以每年20%~25%的速度增长，扩展能力受限的传统集中式架构难以适应时代需求。同时，开源技术的成熟及广泛应用，也给系统带来安全威胁和信息泄露的风险。随着云计算、大数据、物联网、人工智能等新技术的飞速发展，以及信创国产化与自主可控的大环境要求，为应对逐渐增多的高并发场景，降低日益增加的主机建设成本，建设银行立足架构安全可控，推进传统架构向分布式架构转型，创新研发分布式微服务平台——玉衡，形成了体系化的分布式架构和端到端的银行业信息技术应用创新解决方案。

关键词：金融科技；分布式；微服务；IT架构

> **学习目标**
> - 了解银行业IT架构向分布式转型的思路。
> - 了解如何走好金融基础设施安全可控信创之路。

引言

综观全球银行金融系统，大多数商业银行采用的集中式架构是由IOE（分别指IBM、Oracle和EMC，三者分别是大型机、数据库和高端存储的厂商）为主导的信息系统架构。就国内银行业的情况而言，IBM主导的大型机、Oracle主导的数据库、EMC等主导的存储器一直以来就是国产供应的短板，因此高度依赖以IOE为核心的架构体系。放眼全球金融市场，IOE同样在各自领域居于强势地位，并与银行IT厂商深度绑定。因此，商业银行系统面临的安全威胁和信息泄露风险也在不断增加，IOE已对我国商业银行形成了事实上的技术垄断，而科技已成为衡量一个国家核心竞争力的重要指标，提升核心技术自主创新能力已经上升为国家战略要求。

信息安全和自主可控已成为我国金融行业重大战略方向和核心要求，随着业务规模的持续增长以及银行业务的多样化发展，基于大型主机平台的核心系统已逐渐面临服务能力瓶颈，急需更加开放的生态。为建设安全可控的金融基础设施，摆脱数据大集中模式下的银行核心系统"大型机（主机）依赖症"，进行银行IT底层架构转型已成为当下我国金融行业IT架构建设领域实现安全可控的必由之路。

一、迫在眉睫，传统架构弊端频现

自银行交易进入电算化时代以来，IOE技术架构一直是银行业的标准配置和唯一选择。而随着科学技术的飞速发展和欧美国家加速脱钩的态势，传统架构弊端频现。

（一）传统架构面临风险挑战

随着金融市场日新月异的发展，银行业面临利差收窄、金融脱媒、国内消费经济日益活跃与传统金融服务不足之间的矛盾。零售业务成为商业银行新增利润突破口和重要盈利来源，而零售业务客群数量巨大、需求多样化，银行的传统IOE架构面对当前银行海量数据的高并发场景支撑能力有限。激增的线上用户数、持续攀升的高并发场景数、线上需求的响应速度，都考验着传统银行架构的系统支撑与服务能力，需要商业银行系统性地提升IT能力，解决容量瓶颈、备份效率低、运维复杂等挑战，才能实现安全运营、保证客户体验、避免系统崩溃风险。

> **小看板**
>
> 高并发（High Concurrency）是一种系统在运行时遇到的一种"短时间内遇到大量操作请求"的情况，主要发生在对于Web系统的大量访问中同时收到大量请求（如12306的抢票情况；天猫"双十一"活动）。

（二）传统架构难以实现安全可控

由于集中式架构技术被垄断在西方巨头公司手中，我国始终面临较高的供应链风险。而金融安全是国家安全的重要组成部分，是经济平稳健康发展的重要基础。"十四五"规划提出，要"实现重要产业、基础设施、战略资源、重大科技等关键领域安全可控"。金融基础设施是金融体系运行的骨架支撑和管网，具有跨机构、跨市场、跨地域、跨国界等特征。早在2014年9月，中国银监会、国家发展改革委、科技部、工业和信息化部就联合发布了《关于应用安全可控信息技术加强银行业网络安全和信息化建设的指导意见》（银监发〔2014〕39号），其中提到要"优先应用安全可控信息技术"。数据库国产化、实现安全可控对金融领域来说已势在必行。

二、应运而生，分布式微服务平台为银行"换心"提速

2010年底，建设银行开启新一代核心系统的建设，对业务流程进行了企业级再造，打下了数字化经营的坚实基础。2019年，建设银行进一步开启全面数字化经营探索，按照"建生态、搭场景、扩用户"的数字化经营思路，构建业务、数据和技术三大中台，全面提升数据应用能力、场景运营能力、管理决策能力。通过多年技术、人力以及物力的不断积累和完善，建设银行毅然选择了最具挑战性和代表性的主机系统，即大型机，对核心业务系统进行分布式改造，以实现安全可控。

分布式微服务平台就像手机的iOS系统或者安卓系统，而银行的具体业务功能模块就像手机应用软件，平台作为技术底座，面向技术人员可提供安全稳定、性能卓越的开发态工具套件和运行态核心组件，为业务模块的开发进行能力供给。

（一）分布式的优势

如果把一座办公楼比作一个系统，集中式架构就像全部办公人员都在一间独

立的办公室，一旦出现故障或者办公人数激增，就必须停工整顿或新建一间办公室。而分布式架构就像全部办公人员分散在多间办公室办公，即使某间办公室出现问题，那么其他办公室仍然可以运行，不会影响整座办公楼的工作。并且在具体工作执行中，面对逐渐增多的工作任务，在分配方面，工作任务通过房间序号进行分配承载，分配更为清晰、合理。同时，一项任务可以由多个房间内的工作人员并行承担、互相补台，各房间中工作人员通过办公电话进行即时通信，交换工作进展，这就是分布式架构与集中式架构的区别，显示出分布式架构能够提高系统的可扩展性、可靠性和容错性，以此适应不断增长的用户量和数据量。

（二）微服务的优势

微服务是一种架构设计，通过将功能分解到各个离散的服务中，实现对解决方案的解耦（把系统中不同的部分分离开来，使它们之间可以互相独立地运行，互不干扰，不被任何不必要的部分影响到），通过降低系统的耦合性，以便提供更加灵活的服务支持。

而解耦是一个关于计算机系统的概念，如果一个系统内模块高度相互依赖，耦合就高。比如一根拖把，老式拖把就是高耦合的，拖布和手杆是不可拆分的整体。在正常情况下这种高耦合对拖地没有影响，但是当拖布坏了，就需要将整个拖把进行更换，而无法只更换拖布。然而，在微服务下就可以实现拥有一根新式拖把，拖布坏了就由拖布团队更换拖布，手杆坏了就由手杆团队更换手杆，两个团队相互隔离，独立开发、运维、部署、维护，互不干扰，相互之间可以通过协议通信，每次服务都对应唯一业务能力，提高了针对性，减少了资源浪费，切实提升了技术开发效率。

> **小看板**
>
> 微服务架构通过将单体应用程序拆分为多个相对独立的服务，每一个服务拥有独立的进程和数据，并且以轻量级的通信机制进行交互。这些服务都是围绕着业务模块来建设的，是独立的产品，因此完全可以独立地自动化部署和维护，更加有利于更小颗粒度的开发、维护和部署。服务可以由不同的语言编写，采用不同的数据存储，最低限度地集中管理。

三、攻坚克难，建设安全可控金融基础设施

当前，国际局势复杂多变，欧美国家独断专行，集中式架构的关键技术垄断在国外科技巨头手中，摆脱关键技术"卡脖子"，提升自主可控能力，建设安全可控的高质量金融基础设施势在必行。随着金融监管机构陆续出台《关于应用安全可控信息技术加强银行业网络安全和信息化建设的指导意见》《金融科技（FinTech）发展规划（2019—2021年）》《金融科技发展规划（2022—2025年）》《关于银行业保险业数字化转型的指导意见》等政策性文件，金融信创已经正式驶入国家政策保驾护航的发展快车道，进入高速增长期。在此背景下，建设银行立足自主可控，推进传统架构向分布式架构转型，打造了分布式微服务平台，在IT架构赋能金融数字化转型方面进行了有益的探索实践。

在集中式向分布式架构转型中，带来了弹性、扩展性、高可用性、应用解耦、技术解耦等优势，但随着部署单元数量增多，组件间服务调用关系复杂度提升，传统开发、测试、运维及安全保障工作面临严峻挑战，带来了数据一致性、全链路可观测性、技术复杂性、微服务间端到端测试、运维复杂度增加五大难题。对金融IT架构安全可控提出了更高要求。

（一）应用事务管理器，保证数据同步可控

在分布式架构下，如何有效保障数据一致性，一旦出现故障，如何快速恢复事务，保证系统的可控性，是公认的技术难题。在分布式环境中，提高了对数据同步的要求，在数据有多份副本的情况下，如果网络、服务器或者软件出现故障，会导致部分数据同步写入失败。这种情况会造成各个副本之间的数据不一致，数据内容冲突。在实际生产应用场景中，数据库、软件组件、分布式系统交互，每个环节都有可能会产生数据不一致，影响系统功能可用性，研发效率难以把控。

> **小看板**
>
> 事务即（一项）交易，交易完成，就可以说发生了一个事务；在生活中比如去ATM上取钱，从取钱开始到结束，就是一个事务。在计算机中相当于一个完整的操作，任何基础的操作都是。比如点击鼠标完成就是一个事务。

针对数据一致性问题，可通过构建分布式事务管理器，对事务及分支事务进行统一管理和控制，保证事务的完整性和一致性。通过事务组合来兼容多种业务场景以及通过事务追踪来监控事务的执行状态，及时发现、解决事务失败和数据不同步等问题，同时平台还拥有数据传输工具平台、分布式锁等工具，有效解决了多个节点并发访问共享资源时的并发控制问题，避免了数据竞争和不一致性，进而构建一个全面的一致性保障体系，确保数据的同步可控。

（二）基于开源协议，达到安全可观测

在分布式微服务平台中，请求需要在多个服务之间进行流转，调用链路错综复杂，需要追踪每个请求的完整调用链路。同时，全链路追踪需要采集和存储大量的数据，包括每个服务的请求、响应、时间等信息，并需要处理数据格式、数据清洗以及信息提取来进行分析和可视化。采用传统的开源协议可以实现以上功能，但难以定位跨多个服务的错误和性能，更容易发生信息安全风险。

分布式微服务平台始终坚持核心技术自主可控，基于开源协议Open Telemetry自主开发分布式微服务链路追踪，基于开源但高于开源，从源码级进行深度定制开发及优化，规避开源软件协议变更风险。通过定制优化的开源协议，实现了自动追踪每个请求，并厘清了完整调用链路，收集并存储了相关的数据。

在设计和部署微服务时，应用统一技术栈和数据格式，减少数据采集和存储的难度，全链路追踪可以提供完整的调用链路信息，确保数据传送路径可控。通过优化数据采集和存储策略，可以降低全链路追踪的数据量，结合可视化技术，实现高效、快捷分析和展示全链路追踪的数据。帮助开发人员快速定位错误和性能问题的根源，提高故障排查的效率，进而达到全链路下数据的安全可观测。

小看板

开源协议是指允许让民众参与软件的开发和分配的协议。用户可以自由地使用、拷贝、修改和重新发布计算机程序的源代码，无论目的是什么。这种协议允许用户参与软件的开发，增加软件的功能，提高软件的可用性，并分配有限的资源。

（三）选择合适工具，保证系统安全性

分布式架构在提供高可用性、弹性和容错性等方面具有很多优势，但同时也提升了适配的技术复杂性。分布式系统的安全性是技术复杂度较高的问题，因为分布式系统中节点故障是常见的，所有的服务间都是零信任的，需要处理身份验证、授权、数据加密和网络安全等方面的挑战，面对有效检测和处理故障的难题。

平台通过使用高效的通信协议和技术，如消息队列、RPC、gRPC等，以降低通信开销；同时提供分布式缓存来优化性能。平台支持通过健康检查、心跳检测等机制来监测节点的健康状态，并采取自动化的故障恢复策略，如故障转移、负载均衡和容错设计，以确保系统的可用可控。同时，平台将原来的组件级鉴权升级到了全行的交易级鉴权，结合行内先进的安全体系，满足人民银行监管要求，并通过选择合适的技术、设计模式和工具，以及实施适当的策略和最佳实践，解决分布式架构带来的复杂度问题，构建安全可控的分布式系统。

> **小看板**
>
> 鉴权是指在信息系统、网络或应用中，确定用户的身份是否合法，并根据用户的身份和权限，决定其在系统中能够访问哪些资源或执行哪些操作的过程。

（四）应用混沌工程，确保系统可控

在分布式架构下，如何测试分布式系统的可靠性和稳定性，如何查看发现故障、异常情况以及潜在问题，实现微服务的端到端测试，是分布式微服务架构要攻克的关键难题。而分布式系统由多个服务和组件组成、交互复杂，很多故障和问题通常在生产环境中才会显现。因此，需要涵盖多个方面的测试，包括网络、存储、计算资源等，来确保系统的可控稳定。

> **小看板**
>
> 混沌工程（Chaos Engineering）是一种测试分布式软件的方法，是通过一系列可控的实验和执行实验的原则，揭示出分布式系统中随时发生的各类事件是如何逐步导致系统整体不可用的。混沌工程是一个主动发现系统中脆弱点的整套方法论，其目标是提高系统对不确定事件的抵御能力。

平台应用混沌工程方法，在测试阶段，有计划和逻辑地注入故障，帮助系统快速发现潜在问题，进而提前修复，确保系统的可靠性。同时，对系统进行实时监控和度量，以确定故障影响，并确保系统在异常情况下能够恢复正常状态，减少生产环境中出现严重故障的风险。混沌工程是确保分布式架构下系统可靠性和稳定性的重要工具，可以帮助团队和平台更好地理解和改进分布式系统的运行情况，从而确保系统可控稳定、提供更好的用户体验并降低故障对业务的影响。

（五）建立可观测能力，实现安全运维

实现分布式架构转型后，运维难度的提升是业界公共难题。首先，由于分布式系统涉及多个服务和节点，使故障排查和监控变得更加复杂；其次，系统中不同服务可能需要不同版本的应用程序，版本管理及流量控制也变得更加复杂；最后，与传统架构相比，分布式系统涉及大量的配置文件和数据，如何建立统一的配置、配置下发、配置生效等机制来实现系统稳定运行也是个复杂问题。

分布式微服务平台通过建立应用运行的可观测能力，更为精准收集节点的运行数据，包括系统性能、应用程序日志、错误日志等，并通过分析，不断优化系统的性能，保证业务连续性。构建应用自动化接入流程，通过脚本和工具自动完成版本的投产信息收集、测试和部署命令下发等，可以减少人为错误，提高部署的效率和稳定性，并建立统一的配置中心，使用集中式的配置管理系统，确保配置的一致性和及时生效，进而尽可能解决分布式架构带来的运维复杂度问题，实现安全运维。

结尾

基础软件是科技强国战略之"魂"，分布式架构可满足和实现国家在安全可靠、自主创新方面的要求，是加快金融市场关键基础设施建设，稳步推进金融业关键信息基础设施国产化，防范系统性金融风险的关键一步。

建设银行在国有大型银行基于"新一代"系统建设成果之上，打造促进金融业IT架构升级、保证关键核心技术安全可控的金融业通用解决方案，攻克了大型商业银行核心应用系统分布式架构转型、信创技术栈适配、微服务技术体系建设等重大核心技术难题。

分布式微服务平台实现了特定技术与产品解绑的技术支撑能力，基于自主可控，完成了对多品牌、多型号、多技术栈的统一兼容与适配，形成了平台化支撑大型金融机构分布式架构转型与信创改造的整体解决方案，解决了银行业核心系统安全可控问题，实现了对国外软硬件产品的弯道超车和先进替代，为大型企业提供了可供参考的IT架构转型完整方案。

> **? 思考题**
>
> 1. 对于企业IT架构转型，该如何平衡企业应用分布式架构的风险和收益？
> 2. 对于企业IT架构转型，企业选择集中式架构和分布式架构并行的IT架构的可能性如何？
> 3. 对于企业IT架构转型，分布式架构的适用性是怎么样的？

降本增效推动技术演变——容器云平台案例

◎作者：代玉淇

案例摘要：当需要发布一款应用时，通常的流程是进行环境配置、开发、测通，然后到生产环境，最后配置参数。但是这种流程经常会因为系统环境的不一致，要周而复始地进行依赖配置。就好像拍电影时，稍有一个灯光道具配合不到位，就得重来一遍。而通过容器技术就可以使开发和运维人员在应用发布之初在本地配置一次环境，就可以在不同的环境中无缝运行和维护，极大地提升了开发和运维效率。除此之外，容器技术还拥有启动速度更快、占用空间更小等诸多优点。可以说，随着金融业务复杂性的不断加剧，容器云平台的建设已经是大势所趋。

布莱恩·阿瑟撰写的《技术的本质》一书中指出："技术在某种程度上一定是来自此前已有技术的组合。""每个技术通过它的存在建立了一个能够更经济或更有效地实现其目的的机会。"[①]这一说法表明，新技术源于旧技术，技术的意义不仅仅在于解决当下的问题，一些技术，尤其是底层的技术可以通过降本增效或组合等方式，在复杂性加持下，催生新的技术，促进技术的演变。

建设银行于2016年开始革新底层基础架构，构建能够满足业务拓展和创新需求的容器云平台。历经三年，最终打造了具有建行特色的金融级容器云平台——开阳，促进了金融行业的持续创新发展。

关键词：容器云；降本增效；开阳

> **学习目标**
>
> ▶ 了解金融科技如何通过搭建基础性平台实现降本增效，从而推动技术演变进程。

---

① 引自［美］布莱恩·阿瑟（W.Brian Arthur）《技术的本质》。

引言

说起"容器",你的第一反应或许是生活中常用的锅碗瓢盆。但我们今天要谈的"容器",在IT技术中是Container的直译,它还有另一个含义:集装箱。集装箱的特点在于其格式统一,并且可以层层堆叠。因此,IT领域借鉴了这一理念。作为一种更灵活的虚拟化处理方式,容器的诞生解决了一个重要问题:即如何确保应用程序从一个环境移动到另一个环境的正确运行。就像将一辆汽车从上海通过集装箱运至纽约,卸货后汽车依然可以正常启动一样。[1]容器技术的诞生解决了IT世界里"集装箱运输"的问题。

容器技术逐渐成熟,全球众多的云厂商纷纷推出属于自己的容器云服务,从传统的应用部署管理模式向容器服务模式转变。随着容器技术和Kubernetes的逐渐成熟,全球众多的云厂商纷纷推出属于自己的容器云服务,从传统的应用部署管理模式向容器服务模式转变。容器云服务是以容器作为资源分配和调度的基本单位,封装了软件运行的环境,为开发者和系统管理员提供用于构建、发布和运行分布式应用的平台。容器云可以更高效地利用系统资源,启动时间短,可实现持续交付与部署,能够更轻松地迁移、维护和扩展等。

> **小看板**
>
> Kubernetes是一个开源的、用于管理云平台中多个主机上的容器化的应用,简称"K8s"或者"Kube",最初由Google的工程师开发和设计。K8s的目标是让部署容器化的应用简单并且高效,它提供了应用部署、规划、更新、维护的一种机制。

随着金融互联网时代的到来,互联网及移动数字化经济的演进,作为企业内的核心数字化大脑,企业IT部门始终面临降本增效的压力与挑战。

何为降本?是更加精细化的管控,降低企业运营成本。

---

[1] 引自知乎《Tech Vlog 第10期 | 玩转"容器",你与大神只差这一步》。

何为增效？是更加快速的业务交付，为企业在市场的业务推进获得先机。

固然，在应用层面降本增效具有价值，但是在底层技术降本增效更为有效，不但能够使每个利用这项底层技术的应用开发均降本增效，更重要的是能够使开发团队有更多的时间和资源研究更多的创新。

开阳容器云的开发，为技术如何实现降本增效提供了一个"成功秘诀"：识别痛点——精准发力——广泛应用。基于多年研发积累和私有部署实践打磨，以及对金融业务场景的深入理解，建信金科打造出一套面向金融行业的容器云标准化产品——开阳容器云，并应用于金融核心业务、社会化应用、赋能监管等多个场景。

一、识别痛点——传统技术成本高、效率低

在历史系统里，传统应用的计算、网络、存储大多是以虚拟机或物理机在VMware or OpenStack的调度计算平台里部署实施，业务运转十分稳定，技术框架也很成熟。但由于业务以基础设施为中心，忽略了应用的业务视角，随着时间的推进，越来越大规模的应用成长起来时，无法更加精细化地管控不同组织、不同项目、不同业务的应用，由此会增加经营成本、影响程序运行效率。

> **小看板**
>
> OpenStack和VMware都是云计算领域的重要技术，但它们在实现方式、功能和应用场景等方面存在一些区别，OpenStack主要应用于大型数据中心和云计算平台，例如提供云计算服务的互联网公司、电信运营商等。OpenStack能够帮助这些企业管理和配置海量的计算、存储和网络资源，提高应用程序的可伸缩性和弹性。VMware则主要应用于企业级应用程序的部署和管理。VMware的多云服务能够在不同的云平台上运行应用程序，并提供丰富的云服务，包括应用程序部署、数据管理和安全等。这些服务可以帮助企业将应用程序快速部署到云端，并提高应用程序的可靠性和安全性。总之，OpenStack和VMware在实现方式、功能和应用场景等方面存在一些区别。OpenStack主要应用于大型数据中心和云计算平台，而VMware则主要应用于企业级应用程序的部署和管理。

一是传统技术缺乏快速部署能力。传统技术服务缺乏极速供给、快速部署能力，传统投产包含"虚拟机供给（在计算机中创建虚拟机时，需要将实体机的部分硬盘和内存容量作为虚拟机的硬盘和内存容量。每个虚拟机都有独立的CMOS、硬盘和操作系统，可以像使用实体机一样对虚拟机进行操作。）—操作系统安装—中间件安装—基础软件安装—应用版本部署"5个步骤，环境准备和版本部署时间为2~3周，效率很低。

> **小看板**
>
> CMOS是Complementary Metal Oxide Semiconductor（互补金属氧化物半导体）的缩写。它是指制造大规模集成电路芯片使用的一种技术或用这种技术制造出来的芯片，是计算机主板上的一块可读写的RAM芯片。因为可读写的特性，所以在计算机主板上用来保存BIOS设置完计算机硬件参数后的数据，这个芯片仅仅是用来存放数据的。

二是传统技术缺乏弹性扩展能力。传统技术服务不具备弹性扩展能力，传统服务无法自动弹性扩缩，难以快速响应前端流量冲击，且传统技术服务不具备故障自愈能力，传统服务故障后不具备自动重启功能，每次都需要人工介入处理。

三是传统技术缺乏统一管理能力。一方面，传统技术底层环境难以统一，面对公有云/私有云、虚拟机/物理服务器、X86/ARM等各类底层环境，PaaS层缺乏统一有效的调度管理系统；另一方面，传统技术系统兼容性测试耗费大量人力，现有底层操作系统种类繁多、环境管理复杂，开发、测试、生产运行环境的不一致性带来了众多应用缺陷隐患。

> **小看板**
>
> PaaS是Platform as a Service的缩写，是指平台即服务。把服务器平台作为一种服务提供的商业模式，通过网络进行程序提供的服务称为SaaS（Software as a Service），是云计算三种服务模式之一，而云计算时代相应的服务器平台或者开发环境作为服务进行提供就成为了PaaS。

此外，传统技术资源利用率低，使用起来开销较大。

随着越来越多的企业对容器技术、Kubernetes等主流技术的需求日益加深，简单快速、解决企业关键痛点、加快企业数字化转型，特别是通过新技术为企业实现降本增效尤为重要。基于此，建信金科推出了从金融实际场景出发的PaaS产品——开阳容器云。

二、精准发力——新技术提高效率、降低成本

针对传统技术的诸多弊端，建信金科快速响应，确立了开发目标：一方面要技术先行，稳定支撑应用快速创新能力，保障建设银行PaaS基础技术领先性，为金融科技战略提供强力技术支持，实现降本增效；另一方面要坚持自主创新，减少外部依赖性，实现核心技术安全可控。

（一）提高效率——快速部署、弹性响应

针对传统技术缺乏快速部署能力问题，开阳容器云基于容器镜像的自动化投产，将现有的"虚拟机供给—操作系统安装—中间件安装—基础软件安装—应用版本部署" 5个步骤"浓缩"为1个步骤——容器镜像的构建，环境准备和版本部署时间从2~3周缩短至分钟级，有效提升了资源供给效率，缩短了应用部署发布时间，让应用能够快速响应业务需求变化。具体而言，容器镜像构建的优势有三个方面：一是简单易用，无须自行搭建及运维，一键创建镜像仓库，且支持多地域，提供稳定快速的镜像上传、下载服务。二是安全可控，完善的镜像权限管理体系确保了镜像的分享安全、团队的协作便利，且提供镜像安全扫描功能，保证镜像漏洞可识别，漏洞级别可提示。三是云产品间无缝集成，容器镜像与容器服务等云产品深

度集成，实现镜像更新后的持续部署。

针对传统技术缺乏弹性扩展能力的问题，不同于虚拟机分钟级的弹性响应，以容器技术为基础的云原生技术架构可实现秒级甚至毫秒级的弹性响应，开阳容器云充分应用容器的轻量、应用封装、启动快、部署快的特点，同时结合监控数据，在业务高峰的场景下，能够更好地实现应用端到端的自动弹性伸缩，将业务系统横向扩容时间从几十分钟缩短到秒级，更好地应对不可预测或突发的业务压力，提升应用运维效率。而且云原生技术栈构建的平台具有高度自动化的分发调度调谐机制，开阳容器云实现了应用故障的自动摘除与重构，具有极强的自愈能力及随意处置性。

（二）降低成本——统一管理、减少开销

针对传统技术缺乏统一管理能力问题，开阳容器云基于容器可以灵活运行在公有云/私有云、虚拟机/物理服务器、X86/ARM之上的特点，为企业提供统一的运行时环境封装和 API/CLI，一方面，帮助应用屏蔽底层基础设施云的复杂性和差异性，避免厂商捆绑及 API 碎片化；另一方面，有利于企业应用对外输出，使企业应用在外部客户差异化的 IT 基础架构下可无差别落地。

另外，开阳容器云减少了传统虚拟化技术及GuestOS的开销，其性能接近裸机性能，有效提升了资源利用率，使服务器采购成本降低了30%；并能充分发挥云计算资源规模效应，实现分时复用、混合部署等。开阳容器云提供标准的金融级容器云平台快速交付能力，提高了产品的易用性，通过新一代的企业IT基础设施容器云来承担企业PaaS中台，让业务应用作为运营中心，业务部门可以在不扩充已有基础设施的情况下更加充分地利用既有资源，降低应用业务运维管理成本，同时让业务专注于业务，快速提升应用交付效率。

除此之外，开阳容器云做到了更加精细化的管控，降低了企业运营成本；同时开阳容器云更加快速的业务交付可为企业在市场的业务推进获得先机，为企业增效。

三、广泛应用——新技术赋能业务、开放共享

开阳容器云基于云原生技术打造，以应用为中心提供软件资源（环境、中间件和应用程序）快速供给及快速部署的能力，具有动态资源调度、弹性编排管理及自

动化运维等能力。同时，开阳容器云以应用为中心，向下屏蔽底层基础设施差异性及复杂性，向上承载分布式、人工智能、大数据、区块链、云数据库等创新场景，具备支撑金融关键系统部署运行的云服务能力，通过场景驱动+自主创新引领金融行业基础技术先进方向，支撑金融应用向架构现代化、交付敏捷化、运维智能化快速发展。

> **小看板**
>
> 云原生技术是组织能够在新式动态环境（如公有云、私有云和混合云）中构建和运行可缩放的应用程序。容器、服务网格、微服务、不可变基础结构和声明性API便是此方法的范例。这些技术实现了可复原、可管理且可观察的松散耦合系统。它们与强大的自动化相结合，使工程师能够在尽量减少工作量的情况下，以可预测的方式频繁地进行具有重大影响力的更改。

开阳容器云通过技术方式，实现了降低成本，是保证利润的重要"法器"，同时，效率的提升可以带来更好的客户服务体验，增加企业竞争力，实现增效。

一方面，开阳容器云对内赋能业务：

1.开阳容器云降低了信用卡业务开发成本，同时提高了业务办理效率。信用卡业务是银行的核心业务之一，如果信用卡业务能够实现容器化，将大大节约应用开发成本，提高开发效率。信用卡核心业务实现容器化前涵盖综合查询、介质管理、授权、批量、统一事件、产品参数、批量代理、共享服务、联机报表、自助任务等服务。

现在这些服务均以容器化的形式稳定运行在开阳容器云平台之上，即使在业务高峰的场景下，也能快速响应，降低响应成本，提高客户好感度，达到获客、活客目的。借助容器云平台的支撑，建设银行信用卡业务客户总量、贷款规模、分期交易额、分期贷款、分期收入等指标均位于同业前列。

2.开阳容器云整合零售业务系统，提高办理效率。目前，建设银行的零售贷款核心系统已经实现了从大型机到全面容器化迁移，涵盖账务核心物理子系统（包括贷款发放、计息计费、贷款归还、账单逾期、贷款结清、贷款核销、合约管理、会计预处理)、资金组合物理子系统、综合查询物理子系统、作业服务物理子系统、公共服务物理子系统、数据及报表物理子系统等服务,这些服务均实现容器化并以微服务的形式运行在开阳容器云平台之上。

开阳容器云平台基于建行云体系搭建,底层部署在建行云主机之上,对下可以实现底层资源(计算、存储、网络)的灵活管理,对上支撑零售核心服务稳定运行,某种意义上说相当于应用的云原生操作系统。

3. 开阳容器云保障了互联网业务稳定发展,可为企业节约资源成本。互联网业务的线上化及多样化对银行信息系统弹性可扩展提出了更高要求,传统虚拟化技术扩容效率难以高效承载敏态高并发业务,利用云原生容器技术弹性扩缩的能力,可实现应用业务高峰场景下秒级扩容,稳定支撑高并发业务,并在业务高峰结束后实现自动化资源回收。

建设银行利用云原生架构的显著优势,为快捷支付等高频交易场景提供了高可靠的弹性支撑,为电商秒杀、纪念币预约等高并发场景提供了较好的用户体验,有效保障了"双十一"秒杀、春节抢/发红包等高峰期业务的开展,减少了企业在网络维护中投入的人力物力成本。

另一方面,开阳容器云对外开放共享:

作为一家具有社会责任感和使命感的大型国有银行,建设银行始终抱着开放共享的心态,助力经济社会高质量发展。基于此,建设银行容器云平台在平台功能方面不断更新迭代。在核心系统平稳运行一年多之后,着力进行对外技术输出。

目前,建设银行帮助某集团公司部署了具有强金融特性的容器云平台,帮助其快速进行整体云计算战略及目标的达成。后续将进一步提炼为整体云原生敏捷基础设施云解决方案,进行同业输出,赋能金融同业云原生转型,加速金融行业"上云"进程。

此前,该集团公司云计算环境仅有IaaS虚拟化平台,并使用VMware vsphere套件提供IaaS服务。IaaS虚拟化层仅提供了对存储、网络、计算资源的管理,解决了基础设施资源层的弹性,但是无法提供对公司软件、工具、中间件等的管理。按照云计算的三种类型,建设 PaaS(Platform as a Service)平台将有助于我们实现这些目标,同时提升敏捷开发能力、自动化运维能力。

但PaaS平台技术还不成熟,存在诸多技术难点。对于金融企业,每家企业都可能推出自己特色的业务，这些业务无法通过SaaS服务来获取支持，需要金融企业自己去开发业务应用系统来支撑这些特色的业务。而应用开发、应用托管、应用运维能力是PaaS平台的核心功能，构建稳定的PaaS平台来快速支撑企业特色的金融业务是企业业务发展和企业IT发展的要求。

基于对该集团公司建设PaaS平台需求的理解，建信金科为其提供了金融级开阳容器云平台。

开阳容器云平台主要基于K8s、Docker容器技术为容器服务提供一个支撑底座，向上可以实现容器服务的全生命周期管理，并提供诸如联邦服务、弹性伸缩、故障自愈、滚动升级、灰度发布、日志分析、监控告警等功能；向下可以管理多集群、联邦集群，并且可以部署到公有云、私有云、混合云、虚拟化平台、物理机等IaaS环境之上，这些功能及特性能够很好地满足客户对PaaS平台的要求。

开阳容器云平台主要是为了承载企业业务应用服务的，业务应用管理是其核心能力。结合该集团公司容器云建设项目的理解，着重考虑以下几点。

统一维护平台节约资源成本。云计算很重要的一个特性是多租户，每个业务应用都可能是一个租户，每个租户关注的是自己的业务应用。比如建行的客户中心可以是一个租户，服务中心是一个租户，这些业务应用需要云计算资源，这些资源是在云平台上来统一维护的。

重构交付流程，提高运营效率，构建这些业务应用需要的DevOps工具链和标准化交付流程。首先这里就涉及多租户应用管理的租户视角，容器云平台资源管理等平台管理员视角，以及标准化的业务应用镜像交付流程标准化交付视角三个视角；其次基于对容器云的横向层次理解，将容器云平台划分为4层：基础设施资源层、基础设施资源调度层、平台层和业务应用层；最后基于DevOps的持续集成、持续部署、持续发布、持续监控、持续反馈、持续改进的需求（服务和应用全生命周期管理），定义整个DevOps链路为一个闭环，该集团公司因此提高了业务办理效率。

结尾

随着建设银行的金融科技战略及数字化转型进入关键阶段，云计算在越来越多的业务场景中得到了大规模应用，在一定程度上，本书涉及的很多案例背后都有容器云平台的支撑。云原生作为云计算技术发展的主流趋势，推动了从技术价值到业务价值的转变。

以容器为代表的云原生技术的应用，帮助企业降本增效，实现了更精细化的资源管控、更好的自动化，提升了资源利用率，提高了运维效率。帮助应用开发项目组剥离部分非功能代码，实现了更好的弹性、扩展性、韧性、可移植性和可观测性。对上层应用屏蔽了底层基础设施差异性。建行集团曾对云原生能力成熟度—技术架构进行评测：该技术共涵盖4个能力域、12个过程域、46个能力子项、476个细分能力要求，能够快速对照定位技术架构水平。以信用卡项目为例，提升应用部署效率达70%，为应用的敏捷交付和持续迭代提供了更好的基础。

建设银行容器云技术得到市场认可，多次获得大奖，2020年12月荣获第十一届金融科技及服务优秀创新奖—2020金融科技开发创新贡献奖、2021年荣获企业级云原生边缘计算创新业务解决方案—最佳边缘计算解决方案/产品、2022年6月17日荣获2022年度云原生技术创新领航者—云原生技术创新案例等。

马特·里德利在《创新的起源：一部科学技术进步史》一书中提到，蒸煮让食物变得容易消化，蒸煮会把淀粉变成胶状，这几乎让它提供的可消化的能量翻了一番。它让蛋白质变性，从而使一个鸡蛋或一块牛排中获得的可用能量增加了40%左右。

技术演变也是如此，信息技术降本增效的目的也不止是会计学意义上的，类似容器云的底层技术可实现降本增效，节约出资源和时间用来做真正有意义的事，从而为组织和社会催生更多的创新。

? 思考题

1. 一般而言，针对底层技术投入研究难度大、成本高，其效益的产生也相对间接，但长期降本增效的价值大，企业如何平衡在底层技术和具体应用之间的投入？

2. 在技术演变过程中，通过降本增效可节约出大量人力成本，这是否会导致就业岗位的减少，技术的进步与人类工作机会间是怎样的关系？

金融科技践行社会主义核心价值观
——智慧政法资金管理平台案例

◎作者：谷一荻

案例摘要：一般而言，金融科技归属于技术范畴，但是因为其强烈的应用属性，可解决社会、经济领域的实际问题，因此势必涉及价值观问题。尤其是当金融科技应用于公共管理领域，就更应体现一定的价值观，以适应公共管理的要求。建设银行新金融大力推进智慧政务，积极支持政府管理，而金融科技在其中发挥了基础性作用，那么金融科技应秉持什么样的价值观，就成为了必须要思考和研究的问题。

近年来，国家陆续出台多项政策推动"智慧政法"建设，推进政法工作、社会治理工作的质量变革、效率变革、动力变革，政法领域的政策性强、专业性强，是公共管理领域一个非常典型的场景。建设银行为了积极支持"智慧政法"建设，将科技的价值观作为支撑业务发展的底层逻辑，探索出一条将社会主义核心价值观融入金融科技产品的实践路径。

关键词：金融科技；公共管理；价值观；科技伦理

> **学习目标**
>
> ❯ 掌握金融科技在公共管理领域的价值观和伦理取向。

引言

随着经济的飞速发展，人们对于公共服务有着迫切的需求，而政府作为公共管理的主体，发挥着不可替代的作用。公共管理是一项系统性的复杂工程，而公共管理智能化正是大数据时代背景下，将信息技术与传统治理方式相融合，推动公共管理现代化的重要方式，为我国公共服务实现高质量发展提供着重要支撑。

> **小看板**
>
> 公共管理从产生意义上讲是公共组织的一种职能，包括以政府为主导的公共组织和以公共利益为指向的非政府组织（NGO）为实现公共利益、为社会提供公共产品和服务的活动。

公共管理现代化的表现形式之一即为数字政府的建设。在提高数字政府建设水平的过程中，只有将"富强、民主、文明、和谐、自由、平等、公正、法治、爱国、敬业、诚信、友善"的社会主义核心价值融入科技中，再以科技的手段助力政府公共管理，才能不断推动政府治理流程再造和模式优化，不断提高决策的科学性和服务效率，让服务更智慧，让管理更便捷。

智慧政法资金管理平台是建设银行针对政法领域客户资金到账时效性差、资金监管成本高等公共管理的痛点，重点围绕"平等""和谐""法治"的社会主义核心价值观，利用金融科技和金融服务优势，为公安、法院、司法、检察院、监察委、监狱、戒毒所、看守所等全领域政法客户打造的提供台账管理、金融查询、政法凭证和现金管理等综合化服务的平台。开发项目组在平台启动之初就意识到，政法平台的开发不同于一般业务系统，需要在价值观和伦理层面投入更多力量研究。

一、"平等"提升金融资源的可得性

对于监狱系统来说，服刑人员在监期间获得家属的汇款及劳动报酬、进行狱内消费等场景都和金融息息相关，传统模式下监狱的资金监管模式存在一定弊端，不利于社会平等的实现。如何更好地通过科技力量提升服刑人员金融资源的可得性，让科技发展促进"平等"在监狱领域更好、更快地实现，是项目组一直在思考的问题。

（一）监狱的难题

由于服刑人员身份的特殊性，涉及的个人资金管理、狱内消费和服刑人员家属汇款管理一直是困扰监狱公共管理的难题。例如，每个月犯人亲属的汇款都直接转入监狱公有账户名下，需要手动将犯人与转账金额进行匹配，并将相应的转账金额计入台账中，尤其是在面对转账没有备注、犯人重名的情况下，监狱需要投入更多的时间和精力与银行取得联系，确定资金是转给哪一位犯人的；当服刑人员在监狱内超市购买生活物资进行消费时，也需要人工查询金额是否充足，在金额充足的情况下将消费金额在台账中从犯人名下一一扣减，步骤繁杂。这种传统的手工记账方式，不仅占用了监狱管理人员大量的时间和精力，降低了他们的工作效率，严重影响监狱的日常管理，给服刑人员带来不佳的体验，同时也使监狱的廉政风险大大提升，很有可能出现以权谋私从而侵占犯人资金的情况，犯人金融资源的可得性亟待提升。

（二）金融科技体现"平等"价值观的思考

从表面上看，这是服刑人员金融资源可得性的问题，但是落实到社会主义核心价值体系当中，这是一个关系到平等的重要问题，关系到社会主义核心价值观的具体实践。因为虽然罪犯的危害行为对社会造成了或大或小的损害，但他们仍然是社会的一员，易言之，罪犯仍然是人，罪犯在作为人、作为社会主体的意义上是平等的，不能因为罪犯的特殊身份而无尽地剥夺其本应享有的权利，应将他们作为平等的社会成员来对待，确保每个人生存和发展的需求都受到同等程度的尊重和照顾，这是实现社会主义核心价值观中"平等"的具体体现。

（三）科技助力实现社会平等

在现代社会中，平等与科技相生相长，实现平等有赖于科技的良性发展，科技发展又不能无视对平等的保障。从表现形式上来看，平等的实现受到了科技的影响，其内在不变的本质被科技的发展予以重组，使其由内向外转换的每一个环节都渗入了科技的因子。也就是说，科技手段作用于不同的领域促进不同类别平等的实现，科技的飞速发展和取得的成果为我们利用现有信息技术并经过合理的设计而实现社会更加平等提供了可能。

由于监狱的特殊性，靠人力提供服务显然不足以解决监狱难题，因此，金融科技就成为了助力监狱实现"平等"的有效途径。平等与人的认知不可分离，平等的本质要想表现出来，必须要借助人们的主观外化。围绕着平等的中心思想，无论是对内的组织流程改革还是对外的产品输出形式，项目组将"平等"的价值观融入科技中，以科技的手段不断促进平等的实现。

为了提升监狱整体的工作效率，节约时间成本，项目组从资金监管信息化入手，通过全方位的线上资金监管流程为监狱提供更优质的金融服务。在设计系统的过程中，针对需要手动将犯人与转账金额进行匹配的难题，项目组开创了虚拟账户群模式，在为监狱开立主账户的基础上，针对每一位服刑人员下设多个虚拟的子账户，实现"一人一号"，犯人家属可以将资金直接转入每一位犯人的虚拟账号中，不仅省去了手工记账的时间，还能大大降低监狱的廉政风险，增强服刑人员金融资源的可获得性。同时，项目组还搭建了台账登记簿管理体系，登录系统即可查看每一位犯人虚拟账户中的余额，为以往复杂的名册管理、信息服务、信息查询等问题提供了一揽子解决方案。

这些功能的实现大大节省了监狱端的人力成本和时间投入，使他们可以有更充足的时间和精力更好地为服刑人员提供服务，提升服刑人员金融资源的可得性，实现社会的公平与平等。

二、金融科技助力建设和谐社会

2015年4月，位于昆明的泛亚有色金属交易所资金链出现问题，爆发兑付危机，涉及全国几乎所有省份。昆明泛亚公司非法吸收公众存款1678亿余元，涉及集资参与人来自28个省（自治区、直辖市），共有22万余人，造成338亿余元无法偿还，给集资参与人造成巨额经济损失。在昆明、上海等地，均有众多泛亚的投资参与人聚集维权。参与者先是到昆明泛亚总部集会，再到云南省政府集会，后来先后到上海静安寺、北京证监会等地集会……成为了影响遍及全国的经济事件。

（一）法院的难题

泛亚案是牵涉人员广、参与人分布广、影响范围广的大案，法院办案人员需要先对泛亚有色金属交易所的现有资产进行查封，对涉案资产进行冻结，然后要对参与者的相关信息进行登记，核对参与者提供的资料，并统计参与人数、受骗情况、参与金额总额，计算每一笔资金返还的比率与金额，最后逐一手工操作返还资金。这其中的任何一项工作，量都非常巨大，整个过程耗用的时间也较长。

但是，这个案件的社会影响力太大，假如还是按照上述流程以传统模式按部就班地按照常规流程办理，参与者很有可能会由于对自己的资金能否得到返还的关注和焦急的心情不断上访，尤其是在执行信息登记的过程中，长时间的排队很可能会将参与者激动、焦急的心情进一步放大，容易引发更严重的群众聚集事件，进一步恶化案件态势，引起更严重的社会事件。

（二）金融科技体现"和谐"价值观的思考

建设银行在了解了昆明市中级人民法院面临的难题后，项目组对此进行了深入的分析和思考。

从表象看，这是公共管理如何快速响应的效率问题。因为涉及的人数众多，尤其是在昆明市中级人民法院公布相关参与者尽快进行信息登记的公告后，大部分参与者出于焦急的心情都希望自己能够快速地在法院进行登记，从而在法院对涉案资金进行首次清退返还时能早点拿回被骗资金，所以一定要借助科技的手段建立一套可行的流程，提高资金返还的效率。

从深层看，这是一个如何构建和谐社会的大问题。当群众的利益受到侵害，不能仅停留在经济补偿这一个维度，要从社会平等、政府形象、群众心理等多个角度分析，不只是完成一个简单的资金返还，而是让群众舒心、顺心，让群众的心理需求得到满足，尽可能地弥补事件带来的不利影响。

（三）科技助力实现社会和谐

当今社会科学技术迅猛发展，特别是计算机和网络技术的发展，在给社会创造了巨大的物质财富的同时也带来了丰厚的精神财富，促进了人类社会的进步，对构建社会主义和谐社会起到了积极的推动作用。科技提高了政治的参与性、民主性和开放性。科学技术的发展导致了电子政府的出现，通过这些网络平台，政府不仅能够提高自身的工作效率和透明度，便利人民群众对政府的监督，还能通过各种形式或途径实现广大人民群众对国家和社会事务的管理，有助于增强政府与公众的相互理解和支持，使广大人民群众的意志和根本利益能够得到反映，而这正是社会主义核心价值观中"和谐"的具体体现。

因此，项目组认识到在充分利用科技手段解决问题的同时，要围绕着"和谐"的中心思想，将"和谐"的价值观更好地融入科技之中，从过程入手，深入提升全流程的体验，从而提升社会综合治理能力与质效，赋能和谐社会的构建。

为了解决参与者线下登记可能会出现的排队久、情绪忧的难题，项目组为参与者开发了信息登记核实系统，该系统布局于微信中的小程序，参与者通过微信小程序搜索或者扫描小程序码就可以进入系统中，大大提升了便捷性。进入小程序进行实名注册后，为了更好地核验是否参与者本人，项目组还利用了人脸识别技术，参与者需授权进行面部识别来通过身份核验，以此确保填写信息的人和案件参与者一致，防止偷用、冒用他人账户而乱填信息的情况出现，防止事态进一步升级。随后参与者即可对案款相关的信息，如银行账户、涉案金额等内容进行登记。为了能够让参与者实时掌握案件的进度和案款的返还情况，项目组也在小程序上通过信息化技术实时反馈案件进展，进入小程序参与者即可看到法院是否已经对登记的信息进行了核对、资金的返还在哪一个流程，从而抚平参与者内心的焦躁与不安，以此推动和谐社会的构建。

而针对法院端，为了尽快提升法院的工作效率，帮助法院在短时间内做好信息确认和资金返还工作，提升法院服务群众的公共管理能力，促进和谐社会的发展，项目组搭建了法院端涉案人员案款管理平台。该平台与微信小程序中的信息登记核实系统可以实现数据共通，法院工作者通过计算机登录管理端口，就可以对参与者提交的信息进行核验管理、查询统计，在冻结泛亚交易所的相关资产后，还可以利用平台进行案款管理，及时返还参与者的资金。

这些功能的实现大大减少了参与者在法院窗口排队的时间，降低了群众聚集发生恶性事件的可能性，提升了法院的司法服务水平和治理能力，为构建社会主义和谐社会提供了有力的司法保障。

三、将资金查询纳入法治轨道

（一）传统的金融查询存在的弊端

纪检监察办案流程一般分为案件受理和初步核实、立案检查、调查核实和移送审理四个阶段,每一个环节都有相应的工作要求。只有严格遵照纪检监察办案流程进行执法办案,才能保证当事人得到公正、公平的对待,才能符合社会法治的基本要求。

传统监察的流程下,由于更多的流程和细节都需要人工一一落实,有时就会出现程序上的"瑕疵"。例如,在案件调查过程中,为了获取更多资金的线索,跳过某些必要的办案程序,整体监察流程不规范,填写的文书不符合相关规定,在遭到银行的拒绝后,以威胁、恐吓等不正当手段获取线索,或者出于个人私利伪造证据材料或故意隐匿检举控告;再如,违反调查取证有关规定,以不正当的途径获得涉案人员的金融信息,造成取证有误甚至侵害涉案人员基本权利等情况时有发生。

(二)金融科技体现"法治"价值观的思考

在与监察端接触的过程中项目组发现,上述问题背后所反映的问题并不仅只是金融查询这么简单,更加关系到监察的法治化进程,关系到社会主义核心价值中"法治"的实现。

从表面上看,这只是监察没有按照既定的流程办理业务,在履行程序的过程中存在一些违规行为。从本质来看,类似的现象不仅没有体现程序正义,也不利于社会法治化的进程。司法活动必须在实践中按照程序推进,即身份合法的人,在合法的时间和地点,通过合法的方式,按照法律允许的流程实现目标,程序正义才能得到保障,公民的合法权利才能得到保障,社会的法治化才能得到进一步的落实。

> **小看板**
>
> 法治是实质正义和程序正义的统一体,其中程序正义也被称为"看得见的正义",可以理解为要以看得见的方式实现正义。

(三)科技助力强化社会法治

程序正义的实现与科学技术的发展密不可分。在科技创新进程中持续完善程序正义,通过科技进步为程序正义的建设提供丰富多样的创新支持和强有力的技术保障,是法治现代化的一大特色,也是推动社会法治的有效途径。

为了更好地实现程序正义,助力强化社会法治,项目组为科技注入了法治动能,围绕着"法治"的社会主义核心价值观,为监察设计了行业端应用,以通过科技手段增强纪检监察效力和对相关流程的控制,增强监察流程的"不可逆性"和"抗干扰性",保证程序规范、透明。例如,项目组在平台中为监察端设置了金融查询流程,办案人员如果要对涉案人员名下的金融资产进行查询,先要在系统内提出金融查询的申请,然后由另一名操作人员对金融查询的申请进行复核,在实现不相容职责相分离的基础上核定金融查询的背景及必要性,最后该查询会流转到监察委的相关领导,由该领导对金融查询进行最终审核。当该查询申请通过后,系统会自动生成标准格式的法律文书,并将该文书发送给相关银行。银行在收到并利用系统校验法律文书后,才会查询涉案人员的金融资产,并将相关数据打包发回监察委,最后由另一位操作人员对银行的返回结果进行查询。

上述功能规范了监察审批查询的流程,使监察人员必须依照系统内已经设置好的流程,严格依照法定权限、规则、程序办事,以系统化、数字化手段促进监督执纪问责和监督调查处置更加科学、严密、高效,助推新时代纪检监察工作高质量发展,助力程序正义的实现,助推社会主义法治社会的建设。

结尾

科技并非简单的技术,科技发展本身渗透和体现着科技伦理的价值观。科技伦理是科技发展价值取向的内在要求,能够引导科技创新的可持续发展和良性方向,通过科技伦理治理可以确保科技发展不偏离正轨、始终为人类福祉服务。随着科学技术对社会影响的加深,科技发展与经济社会发展紧密联系、相互渗透。在我国,只有将社会主义核心价值观注入科技发展当中,才能真正实现科技的价值,真正促进社会主义现代化社会的构建。

正是由于将社会主义核心价值观作为金融科技的底层逻辑,建设银行的智慧政法平台得到了相关政府部门的一致认可,展现了良好的社会价值与经济价值。目前,智慧政法资金监管平台已经签约1000多户,签约账号近2000个,交易金额达到5000多亿元,进一步拉近了银政间的合作关系。数字法治,智慧政法,建设银行正以金融科技为依托,推动政法治理体系和治理能力现代化,以科技化、信息化手段，提升司法行政履职能力，让政务信息更透明、更公开，助力社会治理能力的提升，推动服务资源和数据资源的整合、优化、共享和开放。

> **思考题**
>
> 1. 应如何看待科学技术与伦理之间的辩证关系？
> 2. 如何将社会主义核心价值观更好地融入科技实践中？

技术促动渐进性组织流程再造
——"移动互联平台"案例

◎作者：姜明睿

案例摘要： 20世纪60年代以来，随着金融行业的蓬勃发展，作为"一直以来都是山顶上的城市"（马丁·迈耶），商业银行开始面临前所未有的压力，尤其是近几年，客户需求的快速多变、产品研发的迅速更迭、信息技术的迅猛发展和金融竞争的白热化，这一切都迫使商业银行必须在VUCA时代（Volatility易变性、Uncertainty不确定性、Complexity复杂性、Ambiguity模糊性）的大背景下，面对市场需求、市场环境和竞争态势做出反应和调整，探索出一条能使银行业摆脱困境的道路。自2005年以来，我国银行业开始探索"流程银行"建设，以客户为中心重塑组织架构，各大银行提出"流程事业部""资源整合""成本控制"等实施主题，实施效果却不尽如人意，其深层原因在于普遍缺乏对流程现状进行全面分析和深入理解的能力，建设银行作为国有大型银行，其管理流程较为传统，对流程现状的理解载体主要基于"文件"形式的管理体系。随着建设银行逐渐壮大，这种管理体系隐形了银行真实的流程执行现状，无法满足流程优化和变革过程的需要。[①] 因此，建设银行的组织架构和传统流程面临新的挑战。

在互联网时代和知识经济的背景下，提高企业竞争能力的关键是如何更好更快地满足客户需求，如何获取资源以提高自身的创新能力，这些都离不开技术的创新与发展。互联网企业在去中心化、去中介化、去边界化的过程中具备柔性、开放、并联的特质，即拥有对环境的快速响应能力、资源架构的迅速配置能力、生产研发流程的低内耗能力等。[②] 对商业银行来说，对标互联网企业在技术领域的优势进行组织流程再造并非简单复制就能实现，随着金融科技逐渐由"支撑发展"走向"主

---

① 李涵. "理清楚"是"管起来"和"优化创新"的基础——金融行业流程变革第一步［J］.农村金融研究，2017（7）：17-21.
② 胡国栋，王琪. 平台型企业:互联网思维与组织流程再造［J］.河北大学学报（哲学社会科学版），2017，42（2）：110-117.

动赋能",建设银行以互联网思维进行组织再设计,通过新技术的研究与应用,找到了一条通过平台建设将互联网基因融入开发固化的流程,从而渐进性促动组织流程再造的路径,这不仅为金融企业平台建设提供了可复制借鉴的思路,更在战略层面提供了进行组织管理优化革新的生动案例。

关键词:移动互联;流程再造;金融科技

> **学习目标**
>
> ▶ 了解如何通过技术支持企业流程再造的案例。

问道篇
——探寻金融科技的战略逻辑

引言

  如何使大象跳舞，是所有大企业关心的重要问题，所谓"大企业病"基本会影响每个企业，无论是国企、民企还是外企，都在考虑管理流程问题。1984年到1989年，麻省理工学院再造理论大师迈克尔·哈默就企业流程再造观念进行了一次名为"90年代的管理"的研究，直到1993年，迈克尔·哈默和詹姆斯·钱匹合著的《再造企业：经营革命宣言》一书出版，仿佛在说：管理者们，过去你们不是焦虑于组织架构中的种种问题，总是盯着如何改善组织吗，现在不用再焦虑了，因为我们有了流程再造的理念和方法，可以更加有效地解决组织问题。后来，虽然流程再造理论经历了十年热潮与神坛跌落，但要肯定的是，流程再造理论始终为管理增加了一个解决方案。建设银行以往在技术平台领域采取"基层业务部门提需求、总行业务部门立项、金融科技部门开发"的传统流程，以及基于不同技术栈的重复业务开发模式，已经不能完全满足当下业务敏捷投产需求。在过去的流程中，开发团队需要针对每个渠道的技术栈分别开发联调和部署，开发周期长，导致整个业务上线的周期长、研发所需资源多、App体积大、开发资源成本和后期项目维护成本高等问题。受限于组织架构，直接改变整体流程存在较大难度，建设银行通过构建技术平台，探索出一条技术促动渐进性组织流程的新路。

> **小看板**
>
>   技术栈是指在软件开发或系统构建过程中使用的一组技术和工具的集合，能够满足特定的需求，通常由多个层次或组件组成，每个层次或组件负责不同的任务和功能。
>
>   联调是一种功能开发的分工模式。一个功能，往往是由"前端+后端"共同实现的。前端开发主要负责用户界面（UI）和用户体验（UX），而后端开发则负责处理数据和服务器相关的功能。这种分工开发方式可以让多个开发并行工作，从而提升上线效率。然而，分工开发后，需要一个对接、联合调试的过程，以保证前后端代码能够准确地进行协作，这就是联调。
>
>   部署的字面意思是把代码上传到服务器/云存储，其本质是让开发出的产品能够在某一环境中运行起来。根据环境的具体情况，部署分为远程部署和本地部署。

一、移动互联平台为流程再造提供技术底座

建设银行"移动互联平台"的建设是基于总行金融科技战略"TOP+2.0"的支持,在助力和支撑总行金融科技能力进一步提升的同时,为"流程银行"的探索打开新的局面。

> **小看板**
>
> 金融科技战略"TOP+2.0"战略聚焦核心底层技术,即所谓的"ABCDMIX"(A即人工智能;B即区块链;C即云计算;D即大数据;M即移动互联;I即物联网;X是现在还没有商用的一些前沿技术,如5G和量子计算等),进行平台化、组件化,以云服务为主要交付方式,实现技术基础能力的快速供给,打造复用、敏捷、协同的技术能力,构建业内领先的技术与数据双轮驱动的金融科技基础能力。

对传统流程而言,创新几乎变成了无解的方程式。[①]为了真正做到从"群众跑腿"到"数据跑路"的转变,银行业必须对流程进行革新。以某分行开发"移动互联平台多渠道投放能力"为例。该分行一直探索打造丰富的数字住房生态应用场景,通过对数据进行整合、汇集,为客户提供实质性便民服务,比如,客户可以登录建行"双子星"(手机银行和建行生活)App,根据其登录信息,便捷查询不动产和购房合同等。按以往的流程,分行主要依赖手机银行微应用和建行生活H5两套不同的技术栈实现业务功能,组织两组团队成员在双端投放中学习两套技术框架、开发两套工程、维护两套工程代码,若使用H5开发,还涉及Web server、域名、证书的申请成本,App则需要提前内置前端资源文件,并经过在手机银行微应用中接入自助渠道以及在建行生活中接入多端接入网关这两条不同的交易路径,导致较低的研发效率和较高的后期项目维护成本。

流程问题已然成为制约业务快速创新发展的一大掣肘,出路何在?似乎在这

[①] 伊夫·埃奥内,埃尔维·芒斯龙. 金融科技新时代[M]. 北京:中信出版社,2019.

一点上，科技能够为这个问题带来一个有效的答案。建行打破传统业务，通过"移动互联平台"技术，有效实现"多渠道投放—研发效率提升—研发时间缩短—研发资源（成本）节省—承接更多业务需求—多渠道投放"的研发闭环，研发耗时由约2个月缩短至3周，研发效率提升约1倍（双端投产，对于多端投放提升更多），后期项目维护成本（维护一套工程）减少约50%。由此可见，银行不仅没有科技恐惧症，在生产效率、安全性能、业务创新等方面，银行业可能比其他行业更早知道科技带来的好处[①]，"移动互联平台"就是在助力总分行业务敏捷开发和快速响应的背景下应运而生。

"移动互联平台"是如何为流程再造提供技术底座的呢？

一方面，"移动互联平台"的技术框架保证底层兼容性、安全性等，让应用开发更聚焦于业务逻辑。平台的前端技术框架和渠道接入功能为流程再造提供了实现的前提。前端技术框架采用了众研小程序框架，这是一套对标互联网主流小程序技术的跨端开发框架。同时，"移动互联平台"提供了多端接入网关，使平台上多个渠道投放的小程序能够通过该服务实现调用后端服务的业务需求。"移动互联平台"属于技术中台重要组成部分，是技术能力平台的一部分（见图1）。

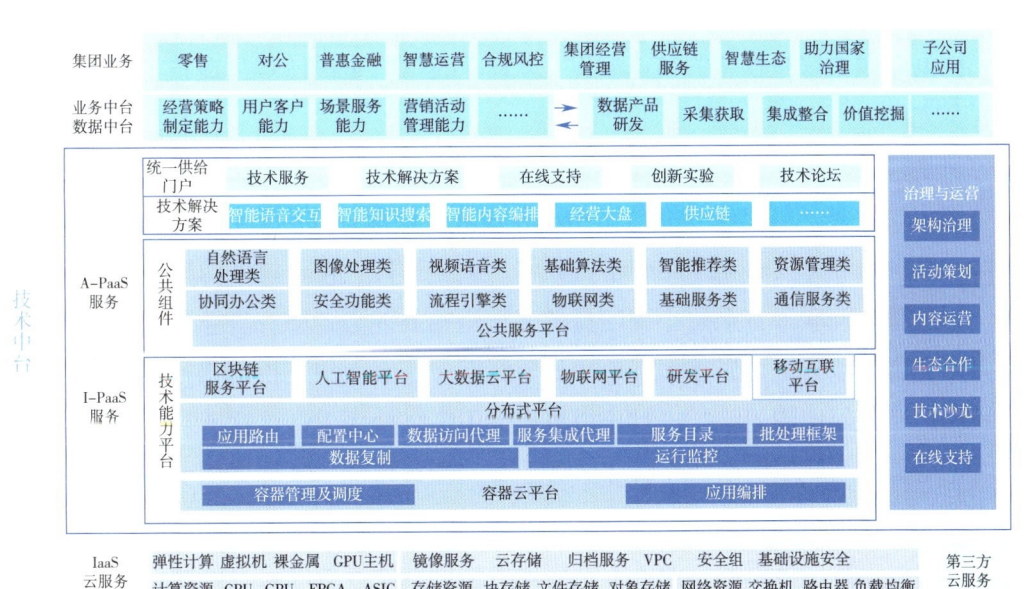

图1 技术能力平台

[①] 伊夫·埃奥内，埃尔维·芒斯龙. 金融科技新时代［M］. 北京，中信出版社，2019.

另一方面,"移动互联平台"的核心能力支持打通业务系统,优化业务流程,灵活应对客户不断变更的需求。移动互联平台众研小程序作为该平台的核心能力,凭借其高标准化的组件、高度兼容微信生态、支持小程序热更新与离线使用、小程序全生命周期管理、小程序安全沙箱等特性,使众研小程序在开发体验、学习门槛、应用场景、生态能力等方面都成为更好的选择(见图2)。

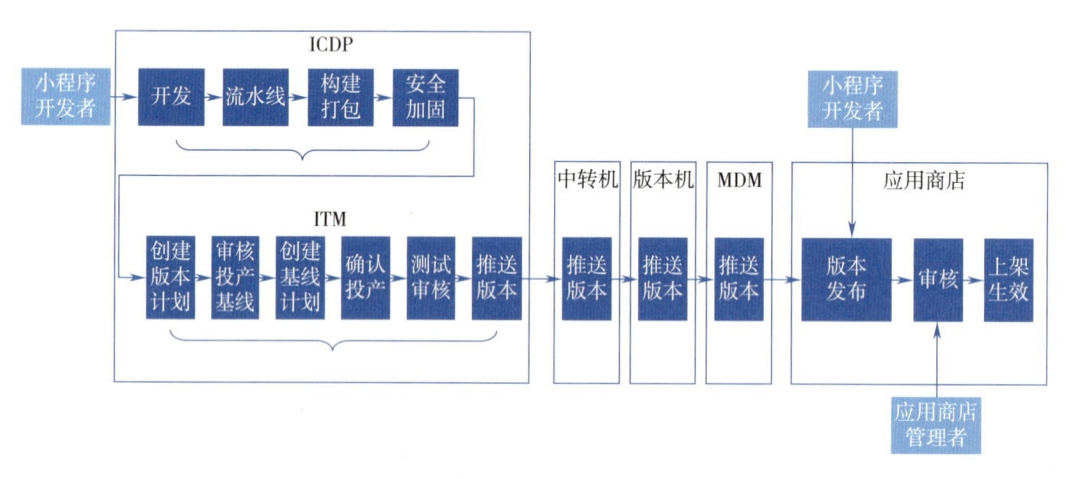

图2 众研小程序投产的整体流程

根据众研小程序投产的整体流程,众研小程序具备的流程再造技术能力包括以下几个方面。

一是移动互联平台众研小程序具备互联网主流小程序(微信小程序)深度兼容运行能力。业务上可以将已有的微信小程序业务快速迁移到母行App上,实现降本增效,减少重复开发;无须额外学习成本;敏捷迭代,提升技术的复用能力。

二是移动互联平台众研小程序具备多渠道投放能力,即一套业务代码同时支持多渠道部署。业务上可以在多渠道(如建行双子星)上快速投产业务功能,效果是用户获得一致的使用体验,银行获得更大的用户触及面,形成营销裂变。

三是移动互联平台众研小程序具备业务安全运行能力,即提供了安全沙箱的数据隔离能力,能有效隔离第三方业务应用对宿主App的资源访问,以及获取沙箱中小程序的运行数据。因此,业务上不需要考虑因框架导致的安全问题,有效提升了业务安全运行的能力。

> **小看板**
>
> 安全沙箱技术是一种用于隔离应用程序或进程的安全机制，它可以在计算机系统中创建一个受限的环境，以防止应用程序或进程对系统造成潜在的安全威胁。在安全沙箱中，应用程序或进程被限制在一个虚拟环境中运行，这个虚拟环境通常被称为沙箱。沙箱可以提供一些虚拟的硬件和软件资源，如文件系统、网络、操作系统等，使应用程序或进程可以在这个虚拟环境中运行，而不会对计算机系统产生任何不良影响。如果应用程序或进程试图访问沙箱之外的资源或执行危险操作，沙箱会拦截这些请求并采取相应的安全措施，例如禁止该操作或中止应用程序或进程。
>
> 近年来，随着移动应用程序的普及和小程序技术的崛起，安全沙箱技术也逐渐受到了广泛的关注和应用，尤其是前端安全沙箱技术（桌面操作系统、浏览器、App、小程序等）实现了快速实践和推进。

四是移动互联平台众研小程序具备无须下载安装、随需随用、自动升级的能力。在业务上可以更敏捷迭代，不再受限于宿主App的发版频率，可以更快速响应业务需求。

二、移动互联平台促动流程再造的做法与实践

将哈默教授的"流程再造"理念延伸至银行业，即"银行再造"，业务流程和组织结构则是有机结合的两个重要再造对象。什么是商业银行的组织结构？它是表现银行组织各部分排列顺序、空间位置、聚集状态、联系方式以及各要素之间相互关系的一种模式。根据哈默教授的定义，业务流程再造就是"对银行的业务流程进行根本性的再思考和彻底性的再设计"[1]，从而获得在成本、质量、服务和速度等方面业绩的重大改善，这是一切银行再造活动的基本着眼点，那么移动互联平台是如何进行"银行再造"活动的呢？

例如，建设银行某分行开发的金融流水查验小程序可以为该省政务平台App用

---

[1] 迈克尔·哈默，詹姆斯·钱匹.企业再造[M].南昌：江西人民出版社，2019.

户提供流水明细申请业务和真实性验证功能，借款申请人在App金融模块进行简单操作后，只需短短几分钟，贷款银行就收到了对方银行传输过来的银行流水信息，既免去了借款人往返跑银行的麻烦、节省了网点排队的时间，同时又大大保障了银行流水明细的真实性，建设银行作为该功能在国有商业四大行中完成上线的首家银行，以最短时间完成了监管机构任务。

（一）敏捷开发成为流程再造的新思维

该省银保监局为了验证客户递交的银行流水明细的真实性，提出一套基于区域链技术的跨行流水验真应用方案，这个方案要求该分行为政务平台App用户提供流水明细申请。此前，该分行从未面向互联网客户提供直接金融服务，本次监管机构的要求任务急、时间紧，且鉴于交易安全性和应用可实施性，给分行技术实现带来不小的挑战。按照原有管理流程，需要分行提出开发需求给总行，总行相关部门整合需求后提交给金融科技部门，金融科技部门再组织开发，以上的传统开发流程存在着信息衰减严重、沟通成本高等痛点，无法满足业务敏捷开发投产的现实需求。

当市场环境发生变化时，若企业无法快速调整相应的业务开发模式和流程，可能会直接导致经营效率低下，进而造成巨大损失。[①]因此，如何应对金融产品开发中的"急需求"是商业银行当下的重要任务之一，而敏捷开发则为银行流程再造提供了一种新的开发思维。

（二）技术平台带给流程再造的促动模式

该分行面对监管机构如此紧迫的任务，综合考虑数据安全、用户体验、业务合规等多重因素，最终采用了总行移动互联平台的众研小程序技术服务和多端接入技术服务来实现业务功能。由分行项目团队直接利用现有平台开发应用，省去了分行上报、审批、对接开发端等一系列流程，平台又给予了分行项目团队强大的系统支持，同时平台的管理功能也规避了各种风险。因此，极为快速地实现了政务平台App到众研小程序交易界面的平滑跳转，向用户提供更好的应用体验。

1. 平台支持

移动互联平台众研小程序在功能上提供了重要的平台支持。首先，它提供了一

[①] 丁倩莹. 基于用户参与的X银行软件项目敏捷开发流程改进研究［D］. 杭州：浙江大学，2022.

套标准化的组件，可以帮助开发者在不同的开发条件下保持一致的开发体验与效率，借助小程序开发的方式能让开发者更加专注于业务本身运转的逻辑，而不需要耗费精力在运维支持上。其次，它保持与微信小程序的对齐和兼容，减掉自己发明新技术和框架的流程，就是为了微信中的小程序可以直接在众研小程序环境中运行。最后，通过自定义API功能，开发者可以轻易地在小程序中使用自有App中已经开发好的能力，更好地完成用户统一登录、登录状态校验、跳转原生页面等功能。这种方式的优势在于可以更好地利用已有系统中的数据，提高数据价值、使用程度和工作效率。

2. 管理支持

一方面，开发管理由以往的"项目组负责开发，宿主方负责部署"转变为"100%全生命周期管理"，即为项目组提供开发者管理、小程序创建、发布、上架、下架、审核等自助式、一站式管理支持，帮助解决小程序开发过程中的各种问题，比如，在版本更新升级后，用户依然使用老版本导致的体验不统一、用户在没有网络连接的情况下无法浏览小程序等问题。另一方面，总行在众研小程序的开发中提供了小程序热更新和离线包支持，帮助开发者快速更新小程序中的页面样式、代码逻辑和相关资源等，大大提高了小程序的可用性。

3. 风险控制

一方面，金融流水查验小程序复用总行手机银行强大的客户登录鉴权能力和安全防护能力，交易经多端接入网关再下发至分行，保证了交易链接的安全性和合规性。另一方面，小程序安全沙箱可以用来隔离小程序与宿主App之间的交互，防止小程序中的内容直接访问宿主App或对系统进行非法操作，保障用户信息的安全性，完美解决业务流程中风险控制的相关难点。

> **小看板**
>
> 应用编程接口（API）：支持企业向外部第三方开发人员、业务合作伙伴以及企业内部部门开放应用的数据和功能。这样，服务和产品就能够相互通信，并通过记录的接口使用彼此的数据和功能。开发人员不需要知道API是如何实现的；只需使用接口就能与其他产品和服务进行通信。过去十年，API的使用量不断激增；发展至今，如果没有API，众多最受欢迎的Web应用都无法实现。

小程序的快速投产上线充分证明了建设银行强大的技术支撑能力和安全可靠的解决方案，为分行抢占市场先机和赢得监管机构好评发挥了积极作用，为分行后续与当地监管机构深化合作奠定了坚实的基础。

三、技术促动渐进性组织流程再造的思考与启示

传统流程再造理论追求的是寻找更加有效解决组织问题的新流程，哈默教授认为其本质就是不间断地思考，不断地重新认识组织中的哪些固有准则是否已经成为组织运作的条条框框，是否制约着一个组织的效率提升。然而，良药不等同于万能药，很多企业发现管理再造并不能解决所有的组织低效问题，尤其随着科学技术的快速发展和信息化的不断普及，绝大多数人对流程再造的观念不再感到新鲜，而且传统的流程再造往往以系统性工程出现，强调整体推进，在某种程度上具有变革的形式，推进难度较大，失败的可能性也较大。建设银行将技术作为撬动组织流程再造的支点，基于金融科技战略背景，以价值增值流程的再设计为中心，打破传统的以管理为流程再造手段的实现方式，用信息技术平台作为基础，在一定程度上建立了去中心化的业务流程，使基层能够利用技术平台更快捷地为客户解决问题，最终达到企业动态适应不断加剧的竞争和变化的环境，并通过与客户发生双向互动，构建场景架构，将银行的优质服务融入客户办理银行业务的生态。[①]

流程再造是当代企业取得竞争致胜的法宝之一，"移动互联平台"的效果十分显著，真正实现了业务开发效率的提升、更多业务场景的赋能以及多能力的组合，开发效率从没有专属开发者工具到云桌面环境下20个页面小程序，无三方组件条件下十次平均编译时间约6.4秒；调试效率从1种流程较长的调试转变为4种范围更广、效率更高的调试。技术平台对流程再造的价值主要体现在三个方面：一是直接固化，省去很多中间环节；二是不改变传统组织结构，变革压力小；三是在一定程度上实现可控的去中心化，对于调动组织活力，尤其是在基层组织能动性方面有价值。技术不仅没有让管理组织流程再造理论"失灵"，更为其提供了新的动能，从技术平台影响流程再造也许为流程再造理论找到了一条新的路径。

[①] 迈克尔·哈默.再造：不是自动化，而是重新开始［J］.哈佛商业评论，1990.

结尾

在金融行业中,"银行再造"的实践侧重点各有不同,具体内容也大相径庭,但我们可以从成功的案例中总结出某些共同的核心策略。"流程再造"促使商业银行在新环境中反思和调整以往被奉为圭臬的业务流程和相关的组织结构、经营策略等,它要求银行积极借助科技,重新设计自身的管理模式和业务流程,以便能集中核心力量,创新并发展体现其核心竞争力的金融产品,最终获得可持续的竞争优势。纵观银行业的未来,能否做到"在成本、质量、服务和速度等方面取得戏剧性的改善",使企业能最大限度地在适应以"顾客、竞争和变化"[①]为特征的竞争环境中获得优势成为发展的关键,国有商业银行只要做好了思想准备(接受流程再造的先进理念)和人员准备(掌握了流程再造的技术方法),就可以随时进行流程再造来迎接日趋激烈的市场竞争挑战。

> **? 思考题**
>
> 1. 建设银行通过技术平台影响流程再造的方式和传统流程再造理论有哪些异同?
> 2. 对比互联网企业,如何理解商业银行在业务流程再造中"去中心化、去中介化、去边界化"过程的真正意义所在?
> 3. 流程再造的变革式路径和渐进式路径各适用于哪些企业或哪些场景?

---

① 迈克尔·哈默,詹姆斯·钱匹.企业再造[M].南昌:江西人民出版社,2019.

挖掘数据要素价值　破解普惠金融难题
——"建设银行惠懂你"App案例

◎作者：张婷妍

案例摘要：数据是人类进入信息时代后爆炸式增长的资源，在经济和社会发展中，它从微不足道变得举足轻重，被称为"数字化时代的石油"，成为数字经济的关键生产要素。作为一种新型生产要素，数据在金融领域的作用不断被发现、挖掘和应用，持续推动银行业务运行逻辑、经营模式、管理方式等的优化、变革和创新。管好、用好数据资源事关银行金融数字化转型的成败。2018年，建设银行推出普惠金融战略，以数据驱动业务升级重构，探索"数字普惠"新路径。为普惠客群量身打造"建设银行惠懂你"App——一站式移动金融服务平台（以下简称"惠懂你"），充分"挖掘数据要素生产价值"，从创立伊始，便率先成为实现小微企业"一分钟"融资、"一站式"服务、"一价式"收费的综合融资平台，实现了对传统经营模式和业务结构的超越，有效破解普惠金融难题。

关键词：金融科技；普惠金融；数字普惠

> **学习目标**
>
> ● 了解如何挖掘数据要素生产价值，通过"数据驱动"破解普惠金融难题。
> ● 了解如何利用数据资源，通过"数据运营"更好地开拓新客户。

引言

党的十九届四中全会首次将数据增列为新的生产要素,党的十九届五中全会再次确立了数据要素的市场地位,为实现数据要素自身生产价值、发挥对其他要素的效率倍增作用、促进数字经济健康稳定发展奠定了政策基础。

为中小微企业提供信贷服务被称为世界性难题,而要在这个难题的基础上做到"普惠",既要让利于实体经济,又要业务可持续发展,更是难上加难。建设银行利用数字普惠模式以及在数据驱动下研发创新的"惠懂你",从专注于大行业、大企业的传统大行,成功转型成为国内普惠金融供给总量最大的金融机构,为破解这一问题提供了新的思路。

一、普惠金融服务状况和存在的问题

(一)普惠金融是世界性、历史性难题

"普惠金融"这一概念由联合国在2005年提出。在国务院印发的《推进普惠金融发展规划(2016—2020年)》文件中,明确了普惠金融是指立足机会平等要求和商业可持续原则,以可负担的成本为有金融服务需求的社会各阶层和群体提供适当、有效的金融服务。普惠金融的主要目标是聚焦小微企业、"三农"、创业创新群体和脱贫攻坚等领域,提升金融服务的覆盖率、可得性和满意度。然而,2018年世界银行发布的《中小微企业融资缺口》显示,中国中小微企业中超过41%存在信贷困难,小微企业潜在融资缺口甚至高达76%。

北宋时期,商品经济蓬勃发展,由于民间借贷利率太高,王安石变法中的"市易法"规定了商贾可以地产等抵押向市易司贷款,年利约20%,且需5人以上相互作保,最终蜕变为行政垄断,"渔夺商人毫末之利"。明清时期,徽商、晋商典当、票号遍天下,纵使国家明令月利不得超过三分,但仍不乏倍取民息之事。20世纪30年代,英国金融产业委员会发布《麦克米伦报告》,指出由于金融市场中普遍存在信息不对称,而资金供给者一般是具有"经济理性"的风险规避者,他们更偏好于信誉度高且风险较小的大型企业。因此,中小企业对资金的需求数额远高于金融体系愿意提供的数额,这种资金缺口即著名的"麦克米伦缺口"。即便是在当代,这种"缺口"仍然存在。由此可见,小微、涉农等普惠客群融资难融资贵的问

题,古今中外,概莫能外,无怪乎被称为"世界性难题"。

普惠金融被银行视为"业务蓝海"由来已久,为何直到现在银行业整体还是以服务大中型企业为主呢?非是不想,实不能也。商业银行服务小微企业存在诸多痛点:一是小微企业抗风险能力弱,存在较高信用风险。根据美国《财富》杂志和全国工商联《中国民营企业发展报告》,中小企业平均存活周期为2.5~2.9年,且缺少抵(质)押物。二是小微企业因财务不规范、管理不透明等,信贷流程难以标准化,需要更多人力投入,服务成本高、审批时间长、业务效率低。三是小微信贷单笔额度低,且存款派生能力弱,服务性价比低。

面对这样的现状和难题,在全世界范围内亦不乏渴望破题者。在美国,除发达的直接融资市场外,以社区银行为支柱的小微信贷融资服务体系也举足轻重。富国银行正是凭借深耕社区银行、小微企业贷款的优异表现,被誉为美国银行业的"零售之王"。然而随着制造业的不断外流,美国的小微企业增长缓慢,发展空间受限,富国银行也因此沉寂。

在东南亚,尤努斯教授所创立的格莱珉银行模式最为典型。但格莱珉模式受到不同经济发展水平的影响,更适合于较为贫穷的国家和地区,其核心的模式如仅针对乡村妇女、五人小组联保等,需要长时间的培育和社会资金的帮助,在中国多少有些"水土不服"。

(二)国内普惠信贷模式离"惠、普、险"服务目标尚有差距

中国的普惠金融起步较晚但发展迅速,比较代表性的有依靠线下作业的"台州模式"和完全依赖线上作业的互联网银行模式。在小微信贷领域,以台州银行、泰隆银行和民泰银行为代表的"台州模式"闻名遐迩。如台州银行的"三看三不看",即不看报表看原始、不看抵押看技能、不看公司治理看家庭治理等。这些"本土经验"是基于小微企业和个体工商户经营情况的高度提炼,充分凝结了基层智慧,但高度依赖于客户经理个人的经验判断,且离不开东南沿海商业贸易发达的特殊土壤。

网商、微众等互联网银行则全然不同,它们依托自有平台(阿里、腾讯)超10亿用户的数据优势,聚焦其自身生态体系内的交易数据进行场景化融资,走出一条完全线上化的路子。但互联网银行高度依赖于自身生态体系的交易数据,总体来看仅对小额、短期的贷款管理较为有效。

党的二十大报告强调"支持中小微企业发展"。国有大行支持中小微企业、发展普惠金融责无旁贷。商业银行传统信贷融资业务主要依靠客户经理调查企业，依靠财务报表评判信用，依靠刚性规则筛选客户的传统经营模式，成本高、风险大。例如，2017年以前，建设银行每年对中小微企业的贷款规模在200亿~300亿元，但不良率达到7%~8%。传统业务模式运行的是"当铺思维""拿东西押着，跑得了和尚跑不了庙"，而中小微企业恰恰缺的就是抵押物。在数字经济时代，继续沿用这些传统信贷业务手段打法推进普惠金融业务，势必面临客户难选、风险难控、工作量大等困难。如何实现普惠金融"惠、普、险"的核心目标，成为国有商业银行普惠金融业务经营发展亟须解决的难题。

二、创新数据驱动，建立智能风控，破解普惠难题

2018年，建设银行提出了包括"普惠金融"与"金融科技"的三大发展战略，并且将二者有机结合，期望通过挖掘数据要素生产价值，改变传统的服务模式，开辟数字普惠新路径，变传统的"抵押实物增信"为"数据增信"。

> **小看板**
>
> 增信是指以一个时段信用评级为起点，在这个起点上增加企业/个人的信用分。增信的作用就是能够有效提高贷款额度以及获取他人的信任，使企业发展更加顺利。如果一个企业信用极差或较差，就会对企业的经营等造成影响。

（一）打造数据基础设施——新一代核心系统建设

如何能够挖掘数据要素生产价值呢？商业银行天生与数据打交道，但过去主要是记录业务过程和统计经营成果。工欲善其事，必先利其器。数据的采集、整合、存储、计算、传输、展示等都离不开IT系统的支持。建设银行较早意识到信息系统基础工程在未来银行发展过程中的重要性，着力打造数据基础设施。2010年启动了全行信息系统重构的颠覆性工程——新一代核心系统建设，为数字化转型奠定了牢

固基础。新一代核心系统建设统一了全行数据理念,构建了完整的数据逻辑模型,制定了8万余项数据规范,集成了海量行内外入仓数据,连通了100多个应用组件,承载了大规模企业级数据分析应用。在此基础上,建设银行又深化金融科技战略(TOP+),促进人工智能、云计算、区块链、物联网等前沿技术快速应用,敏捷赋能业务创新发展。

(二)数字普惠,变"抵押增信"为"数据增信"

基于新一代核心系统坚实的数据存储和应用基础,2013年起,建设银行开始尝试以结算、金融资产、纳税等数据为基础开发大数据信贷产品;2016年,建设银行探索推出"小微快贷"系列产品,成为建设银行"数字普惠"模式的先声。2018年开始,建设银行将"普惠金融"正式上升到全行战略高度,开启了普惠金融"加速度"。2018年9月,正式上线全国首个面向小微企业的移动融资平台——"惠懂你"。

"惠懂你"通过内部挖掘和外部共享并重,推动内外部数据规范化、关联化,将数据资产转化为信用信息。对内整合小微企业和企业主资金结算、交易流水、工资发放、信用卡消费、投资理财等多维度数据,对外引入政府数据(工商、税务、海关、法院、国土等),专业市场或第三方(农垦、花卉市场、小商品城、ETC、燃气等)外部数据,从企业生产经营的客观原始数据中充分挖掘信用信息,突破传统以财务报表评估信用的方式,建立小微企业行为的"正面清单",采用更精准、多维度的大数据模型,对客户进行挖掘和筛选,通过多维数据建模评价其偿债能力,测算能够给予的贷款额度、期限、价格等,形成授信方案,为小微企业融资有效增信(见图1)。

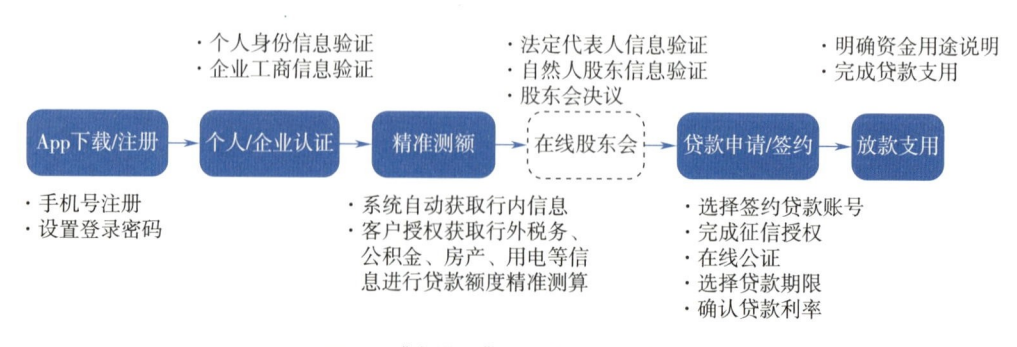

图1 "惠懂你"贷款业务流程示意

例如，基于客户税务数据，开发与税收相关的信贷产品；利用银行代发工资记录，推出与薪金相关的信贷产品；依据出口退税数据，优化贸易融资信贷产品；依托内外部数据整合，实现了小微企业信贷业务线上自动化审批、智能化风控。

"惠懂你"运用生物认证、人脸识别技术和数据分析模型批量化智能识别客户，通过系统自动导入企业各项基础数据，简化功能操作界面，实现了"可见即可贷"。

银行后台采用流水线作业，通过系统自动获取行内数据，减少跨层级、跨部门处理环节，保证贷款办理效率；小微企业用一部手机就可以办理贷款申请、签约、支用、还款等手续，大幅减少了跑银行、填材料次数，1分钟以内即可完成贷款申请到支用全流程。通过数据驱动让众多缺抵押、缺担保、缺银行信用记录的小微企业和企业主通过手机即可获得信贷机会，有效破解融资难、融资贵难题，优化了客户体验，提升了融资便利，降低了信贷不良率（见图2）。

图2 2017—2022年建设银行普惠金融贷款不良率趋势

三、加强数据运营，打造特色产品，持续提升获客能力

一般而言，一个产品推出后，往往只关心服务了哪些客户，但实际上，未能接受服务的客户，可称为"未消费者"的群体也十分重要。在大数据应用的加持下，挖掘"未消费者"未能消费的原因，以及他们的需求，改进乃至开发产品，成为了金融企业蓝海突围的关键。

(一)做好数据复盘，加强营销检视

2019年底，"惠懂你"数据运营团队在年底业务复盘中通过建设银行普惠金融部的物理数据监控大屏发现了"惠懂你"有额度客户占申请客户比例偏低的问题。营销要做好开源节流，那么如何有效"开源"，让更多小微客户能获得建设银行普惠贷款呢？

除了上面提到的数据驱动，即尽可能地全面地收集多维数据，以数据驱动精准测额，提升用户体验，降低不良率外，"惠懂你"数据团队还在不断探索，尝试通过"数据运营"优化客户准入条件，围绕客户不断探索研发更多数据模型和产品创新以满足融资需求，通过人工智能技术从行内外数据衍生了大量的特色指标，利用机器学习、拒绝推断等方式构建准入授信模型，打造了多款总行和分行特色信贷产品，如首户快贷、善营贷、收支云贷和发票云贷等。

> **小看板**
>
> 拒绝推断：模型构建一般都是依照对成功申请客户的特征来进行建模，所以并不了解被"惠懂你"拒绝的客户的真实信用表现，拒绝推断要解决的问题是去推断那些被拒绝的客户。被拒绝的客户，如果放贷的话，后续的贷后表现是什么样子，是好样本，还是坏样本？然后把推断的结果，加入建模样本中用于丰富样本的多样性，缩小与总体分布之间的差异。通过拒绝推断这个方式不断地把新客户的特征融合到评分卡模型里面，让模型在有效识别风险的同时尽可能更好地适用新客户。

(二)绘制数据漏斗，找准痛点问题

数据运营团队收集到小微信用快贷不同时期来查询额度的客户数、有额度的客户数、申请贷款的客户数等关键流程数据，绘制了"申贷转化漏斗"。如图3所示，2019年全年有约95万客户来查额，约52万客户有额度，有额度比率约为55%，数据表明近一半的客户在建设银行小微信用快贷给不出额度。来查额的客户是经过申请流程"公共准入→额度模型→扣减→评分卡"等层层筛选的。每层筛选都设置

了很多规则，例如，公共准入层包含筛选客户年龄，企业四要素等规则，额度模型包含客户企业经营数据等规则的筛选和额度计算，扣减层是指如果客户名下经营有贷款需要扣减，评分卡是扣减后按照建设银行小企业评分卡规则再次筛选。通过"申贷转化漏斗"数据筛选可以看到有约16万客户，2019年在额度模型环节全年都无法计算出额度，占来查额客户（95万）的16.8%。

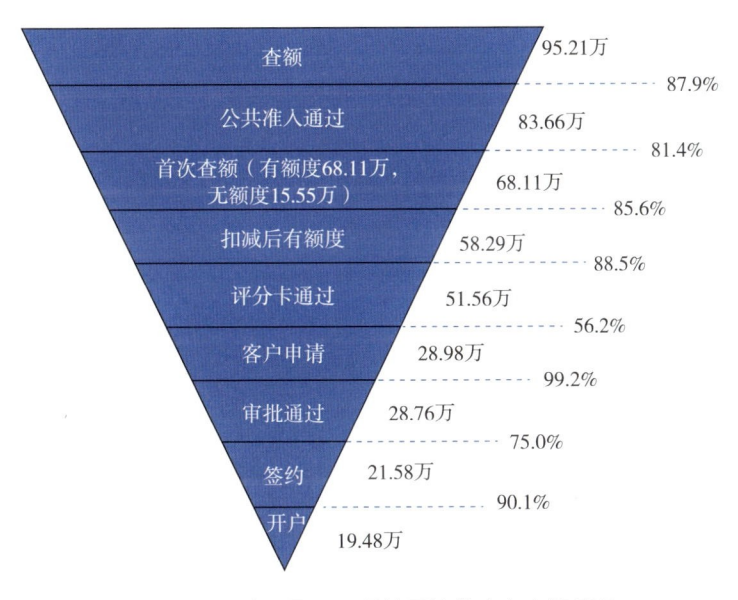

层级	数值	转化率
查额	95.21万	87.9%
公共准入通过	83.66万	81.4%
首次查额（有额度68.11万，无额度15.55万）	68.11万	85.6%
扣减后有额度	58.29万	88.5%
评分卡通过	51.56万	56.2%
客户申请	28.98万	99.2%
审批通过	28.76万	75.0%
签约	21.58万	90.1%
开户	19.48万	

图3　2019年1月至12月信用快贷客户申请情况

（三）搭建数据模型，创新特色产品

那怎么通过数据运营来让这16.8%有资金需求的客户拿到额度呢？"惠懂你"数据运营团队思考如果想让这些有资金需求的客户拿到额度，就需要针对性分析无额度客户，找出计算不出额度的原因。"惠懂你"数据运营团队分析到如下几方面。

首先，16万客户中，"惠懂你"数据运营团队发现部分客户在计算额度时在行内是有多维度数据的，只根据单维度授信无法提供授信额度，因此，数据运营团队对整个小微快贷的审贷流程做了梳理，结合机器学习和拒绝推断等多种技术，充分利用多维度数据建立综合授信的首贷额度模型。

> **小看板**
>
> 首贷额度模型：针对已有额度的存量客户进行分析，通过客户授权的国税数据、代缴税数据、代发工资、行内结算、流水、征信等数据做整体分析，利用人工智能和机器学习等方法，通过模型融合，建立了首贷额度模型。

该模型的建立在下沉用户中发现了更多优质客户，近一个月的时间，帮助2700多名之前未取得授信额度的用户获得了授信额度，户均额度5万元以上，为客户解决了燃眉之急。

其次，针对2019年在授信环节全年都无法计算出额度的16万客户中，数据运营团队发现不少客户有授权查纳税数据，但却计算不出额度。经深入检查客户的基本信息、行业特点和纳税明细数据及与客户沟通发现，客户属于享受税收优惠的企业，因此纳税金额并不高，但客户每月开具和收到的增值税发票金额非常可观。

所以如何提升这部分客户提供授信维度呢？结合前面调研分析，数据运营团队协助分行创新了发票云贷，使用企业由经营产生的发票数据对客户经营情况进行评估并提供授信额度。

最后，针对2019年52万有额度客户中，仅29万客户（56%）来申请贷款，如何提高这部分客户的贷款申请通过率呢？"惠懂你"数据运营团队对未来申请贷款的客户进行深入分析发现，一部分客户是拿到了结算云贷额度，但由于客户在建设银行的经营结算较少（主要在他行），因此结算云贷额度太低，不能满足客户的贷款需求，客户未能成功申请贷款。针对这种客户，"惠懂你"数据运营团队协助分行与人民银行联合建模创新了收支云贷，使用人民银行提供的客户在各家银行的经营结算数据对客户进行综合评估，给出更合理的贷款额度。这些模型和产品的创新，让之前未取得授信额度的用户获得了授信额度，提升了普惠金融业务的覆盖度。

结尾

在数字经济背景下，建设银行践行新发展理念，落实新金融实践，以服务人民和经济社会发展为目标，以数据为关键生产要素，以金融科技为核心生产能力，以平台生态为主要生产方式，积极开展数字化经营和新金融实践，用数字化、智能化、平台化的金融服务网络和互联网技术解决小微金融难题。建设银行的打法是以数据驱动业务升级重构，构建线上标准化的数据模型与作业流程，改变传统的线下人工作业模式，实现快捷、大规模的服务覆盖，真正建立数字普惠的新模式。

建设银行积极探索的数字普惠模式已成为制定普惠金融行业标准的基础蓝本，入选G20普惠金融全球合作伙伴会议经典案例。战略启动以来，建设银行普惠金融贷款年复合增速超40%，2020年3月、2021年12月普惠金融贷款余额业内率先突破1万亿元、2万亿元，2023年11月已突破3万亿元。普惠金融贷款余额占全行各项贷款余额比重由2017年初的2.5%提升至超14%，贷款新增占比由1.3%提升至超25%，成为行内重要资产板块。普惠金融贷款余额和贷款客户市场占比分别约为10%和7%，是普惠金融信贷供给总量最大的金融机构。

> **? 思考题**
>
> 1. 基于数字技术的数字普惠新模式是真正解决了风险问题还是让风险滞后了？
> 2. 数据如何挖掘"未消费者"的潜在需求，提供更为精准的服务？

求知篇
——求索科技变革之路

系统性思维助力金融科技——敏捷研发平台案例

◎作者：孙阔

案例摘要：企业数字化建设和"上云"早已成为发展新引擎，中国银行业也纷纷开启数字化转型进程，逐渐向轻型银行、数据银行、开放银行等新形态演变。然而，数字化建设却面临着严峻的考验——业务迭代催生项目开发的个性化需求，系统急需更新、扩展，可项目开发对人才要求高、开发周期长、效率低、成本高，难以应对不断变化的市场，难以快速响应业务需求。怎样降低项目开发管理成本，提升开发效率成为企业数字化转型过程中迫切需要解决的问题。

在科技持续赋能业务创新发展的时代背景下，敏捷研发已逐步成为各大科技企业开发的主流模式。但是，金融行业有其自身的运行特点，比如对风险的高度关注等，因此就需要建立符合金融行业要求的敏捷研发模式。建设银行创新搭建符合金融特性、自主可控的敏捷研发平台——瑶光，构建敏捷科技基础能力，助推业务敏捷，推动产品持续创新，快速适应和满足市场及客户的需求。回顾平台的开发过程，研发团队在整体上采用了立体式推进的系统思维方法，整体上解决了平台效率、质量和迭代问题。

关键词：金融科技；数字化转型；敏捷研发；平滑迁移

> **学习目标**
>
> ❯ 了解如何使用立体式推进的系统思维助力金融科技研发。

引言

数字化时代，为抢占先机，各大企业的项目研发在追求产品质量、安全与创新的基础上，逐渐开始更注重对效率和灵活性的比拼。建设银行研发的敏捷研发平台——瑶光在此背景下应运而生。该敏捷研发平台实现了从源码、构建、打包、测试、审批到发布的全自动化，提供灵活的定制能力，使金融业务项目管理兼顾了严谨性和敏捷性。

但敏捷研发平台的开发过程也并非一帆风顺，如何打破建设银行传统的以人为主导的编译、构建、测试、打包、部署等一系列项目开发流程，解决跨部门沟通协调问题，如何支持全行庞大而复杂的研发场景，覆盖上千个子系统，如何应用敏捷研发平台提升产品开发的质量，如何实现开发过程的溯源等，都是平台在研发上线过程中亟须解决的问题。

为此，建设银行的研发团队经过分析，决定以立体式推进的系统思维为依托，进行平台整体的开发实施。立体式推进，以先横向后纵向的方式展开。首先，横向铺开，覆盖全行系统，平滑完成全行系统切换；其次，向上提升，解决系统开发构建成功率低的问题；最后，向下深挖，提升后期运维和系统迭代升级能力，做到全流程可溯源，横纵结合，最大化减少系统切换可能出现的问题，让平台功能得以完善和发挥。

一、横向铺开：构建上线"三板斧"

敏捷研发平台的上线，将彻底改变整个建设银行以往的研发模式，带来质量与效率的极大提升。但是，对于建设银行这样的大型企业来说，全行性的底层系统上线必然会面临系统切换导致的业务暂停。8个开发中心，1000多个子系统，2万名开发人员，如果因系统上线被迫暂停业务，将会带来不可估量的问题与损失。因此，横向铺开，必须要做到全面、迅速且无差错，才能保障立体式推进的基础得以实现。

研发团队以横向铺开的思路为基础，经过反复思考、论证和推演，终于提出了一个解决方案：采用新老模式并行的办法进行平滑迁移。平滑迁移要保证如下三点：一是让开发人员和业务人员无感，服务器切换不影响任何系统的正常使用；二是如发生异常情况，可以第一时间切换至老系统，保证业务持续性；三是所有业务数据和开发数据有备份机制，防止迁移过程出现数据丢失。

要保证以上三点，无疑加剧了研发团队的开发压力。为寻求解决办法，开发团队成员进行了充分论证，设计了"上线三板斧"实施方案，即：工具先行、分批上线、并行检验，最大化保证横向铺开的顺利实施，为后续纵向推进打下坚实基础。

（一）一板斧：工具先行

团队成员在最短的时间开发了一系列迁移工具，覆盖整个迁移过程，保障所有工作算无遗策。敏捷研发平台须完全兼容目前建行在用的2万个代码仓库和1000个子系统，才能保证在平台不停机持续工作的情况下，所有业务无感迁移至新系统并继续运行。运行过程中，新老系统必须并行运行，使用人员应用新系统开发时，所有数据和操作同步至原始系统，在同步时完成代码校验和一致性检验，如有任何异常发生，可随时切换至原始系统运行，保证业务零中断。

迁移工具的开发完成，为全面上线打下了基础，也让开发团队成员有了初步的信心，但是否能万无一失，还是未知数。团队成员只能设法将不良影响降至最低。

（二）二板斧：分批上线

为防止迁移过程出现问题，研发团队将1000个子系统按照业务重要性由低到高排序，分三批逐步切换上线，首批低级别系统率先进行迁移工作。这样，相当于有了一定试错空间，重要性较低的系统即使出现问题，也不至于产生较大影响，能够将问题在可控范围内解决，保证最终的核心系统上线万无一失。迁移当天，各大开发中心的项目团队成员紧盯着显示器上不断运行的程序，时间一分一秒过去，随着工作群里铺天盖地的"切换顺利，一切正常"消息的刷屏，平滑迁移顺利完成。

（三）三板斧：并行检验

首批迁移成功，增加了研发团队对平滑迁移工作的信心，接下来的几周，后两批系统的迁移工作也顺利完成。但迁移工作的完成不代表系统的运行万无一失，研发团队综合考虑系统稳定性和备份数据耗费的存储空间，将每个系统按照重要程度设置了半个月至一个月的并行期。并行期内，新老系统同时运行并持续保持数据同步备份，防止出现突发事件。经过一个月的平行期，所有系统都经受住了时间的考验，平稳运行无故障，研发团队悬着的心终于放下了。覆盖全行上千个子系统的大规模迁移工作终于胜利结束。

二、纵向推进：向上提升成功率，改进系统效率

敏捷研发平台的上线，让曾经冗长复杂的开发工作变得简单，将以往只能人工完成的编译、构建、测试、打包、部署等开发工作交由系统自动执行，让大量开发人员从基础的工作中解放出来。但无法提升平台构建的成功率是业界普遍面临的问题，按照立体式推进的思维，横向全面铺开后，纵向的第一步就是向上突破，因此，提升构建成功率就成为首要解决的问题。

由于项目研发具有一定复杂性和不确定性，运行过程中需频繁调用不同系统的工具，自动运行时难免会产生调用错误，当前业内较为成熟的同类平台构建成功率也仅可达到80%。对于研发工作来说，速度、效率和质量同样重要，80%的成功率意味着每进行5次构建就会有一次失败，虽然已经达到了预期水准，研发团队还是希望创新一种方法让平台更上一层楼，这也是能够纵向提升最关键的指标。

在对影响成功率的因素进行分析后，研发团队终于找到这其中的关键因素：缺乏对系统错误解决方式收集管理的知识库，由此导致开发人员对系统错误的标准解决方法措施不熟悉、不了解。究其原因，一是传统的流程造成的路径依赖；二是适应新平台需要时间；三是缺少行之有效的案例参考；四是没有足够的支持。所以，围绕这一问题，团队从流程入手，建立了一套行之有效的方法，既能提高建行敏捷研发平台的构建成功率，又不会耗费过多的成本，最大化地满足研发需要，即建立统一运营支持体系。首先，抽调了大量人员组成运营团队，专职处理研发平台构建失败的错误信息。运营团队投入数月时间收集了各类系统的运维支持手册，从中总结归纳可能导致构建失败的因素和解决措施，形成了完整的知识库，支持各类检索功能。其次，利用建行员工App，为全行开发人员建立有专人提供咨询服务的支持群，在群中共享知识库，并实时分享最新出现的错误信息和解决方法，提高开发人员的处理能力。最后，建立了历史问题数据的积累及分析机制，反馈至平台研发端，不断强化解决问题的能力。

上述方案实施后，极大地改善了因开发人员对系统错误的解决方法不熟悉、不了解而产生的问题。每当构建失败，开发人员可以第一时间在系统中查询失败对应的检索目录，精准定位到解决方案；如果无法检索到匹配方法，可以在支持群中提问，借助强大的智囊团迅速找到解决方案。同时，在日常工作中，开发人员也可以

在支持群中看到近期可能发生或已经发生的最新错误信息和解决方法，达到未雨绸缪的效果。

平台经过短短一个月的运行，就已初见成效。按照数据统计，建行敏捷研发平台持续构建成功率已达85%~90%，相比之前已有质的飞跃，极大提高了研发的总体效率与质量。而且随着历史数据的不断积累，整体水平仍在朝着更高的目标前进。

三、纵向推进：向下深挖，开发全流程可追溯

按照立体式推进的系统思维理念，敏捷研发平台的全行上线和构建成功率的提升，已经在横向铺开和纵向提升两方面打开了局面，下一步就是纵向向下深挖，解决系统底层和基础不牢的问题。

对于系统开发人员来说，最痛苦的事情莫过于维护非自己开发的系统，当需要迭代升级或使用历史版本时，缺少原始资料、没有以往开发的数据、找不到曾经的开发人员等都是致命的问题。为此，作为功能完善的敏捷研发平台，必须考虑到系统后期运维和迭代的成本与效率。

立体式推进的纵向维度，不但需要注重向上提升平台的各项能力和指数，还需要向下深挖，打造平台今后稳定运行的基础。是否有数据积累、是否有历史版本的备份机制、是否能够全流程可溯源，是决定一个平台能否成功的关键。

为了构建完整的从编码到交付全流程的追溯体系，建行敏捷研发平台创新了制品库，实现了以版本为核心的统一管理。所有开发过程编译、构建、测试、打包部署的各类文件、各个版本会由敏捷研发平台进行实时安全扫描并全部归档。制品库既能完成生产版本的管理，也能进行代码仓库的保存，从源头上让开发全流程可溯源。为保证制品库的安全性，在保存过程中建立单一来源校验技术，所有操作公开透明并记录在案，防止信息丢失和被篡改。

敏捷研发平台制品库的追溯体系建立后，所有版本、源码、操作记录全在系统上，制品库追溯体系的建立解决了开发测试和生产环境的上线管理问题，并且能够支持全行的所有研发场景，这对2万名开发人员来说无疑是最好的消息。可以说，敏捷研发平台带来的不仅是速度与效率的提升，更能够减少开发人员压力，降低工作难度，方便开发流程，对建设银行的研发能力具有很大的促进作用。

四、成果输出，持续赋能

截至2023年年中，敏捷研发平台对内赋能效果显著，一共提供了10000多个代码仓库，创造了30000多条流水线，服务于1500多个物理子系统，持续构建300余万次，构建成功率超过85%，为10000多位用户提供了服务。

建设银行敏捷研发平台的代码仓库通过纵向向下深挖，版本备份与可溯源机制的应用，目前已经建设成为国内先进水平的企业级代码仓库，其重要的代码托管功能可用于敏捷高效地处理任何或大或小的项目，记录存放每次文件版本的变化，有效管理过程数据。同时，敏捷研发平台向上提升构建成功率的举措，降低了研发人员的使用门槛，使研发团队能够有效协作并专注于功能实现。敏捷研发平台在近年来不断对外赋能，服务了某银行和某省农村信用社等，为同业提供技术支持。

结尾

敏捷研发平台是建设银行多年来在基础架构方面研究与实践积累的落地产物，作为建设银行企业级开发运维平台已初见成效。2021年9月9日，中国信息通信研究院隆重发布了DevOps标准系统和工具评估结果，建设银行敏捷研发平台流水线模块顺利通过优秀级评估，代表着敏捷研发平台的DevOps系统和工具在相关模块中达到国内领先水平。

> **小看板**
>
> 《研发运营一体化（DevOps）能力成熟度模型》系列标准是由中国信息通信研究院牵头，云计算开源产业联盟、高效运维社区、BATJ等顶级互联网公司以及各大金融、通信企业共同制定的国内外首个DevOps系列标准，由中国信息通信研究院主导的DevOps标准已由工信部发布并被众多金融、通信和互联网等行业名企纷纷采用并通过评估。

敏捷研发平台为建设银行数字化转型带来了更多优势：第一，业务模式的转变，目前敏捷研发平台在支撑业务发展的基础上，通过与平台需求及研发双方的公开透明的问题跟踪和反馈的工作机制，帮助各领域团队将体系、平台与工具有效融合，形成一套高效运转的开发机制，最终实现可交付产品增量。第二，能力建设的升级，敏捷研发平台结合自主研发的工具平台能力，提供从流程定义到组件能力、从代码到生产发布全过程能力支撑。第三，赋能行业的实力，形成了面向不同研发体系和基础配件，对各行业通用的业务场景，并通过提供不同的产品版本，满足多行业、多管理模式、多种技术、多场景下不同客户实现研发运维的能力需求。

敏捷研发平台开发以系统思维为依托，立体式推进、横向纵向结合的模式，不但节省了资源与人力，提升了上线效率，更能够最大化地降低可能出现的风险，该模式还可以复用至多个开发任务，这一模式对类似平台建设具有一定的启示意义。

> **? 思考题**
>
> 1. 敏捷研发平台应用的立体式推进的系统思维适合于什么类型的平台开发？
> 2. 开发过程全流程可溯源机制应用的难点是什么？为什么很多系统没有采用这一机制？

金融科技平台搭建"六步法"——建设银行安心养老综合服务平台开发案例

◎作者：张婷妍

案例摘要：建设银行基于国家人口老龄化及社会养老服务诉求，通过建生态、搭场景、扩用户开启数字化经营，搭建数字化平台——安心养老综合服务平台，积极探索"为政府分忧、强机构运营、帮老人解难、代儿女尽孝"的养老发展新路径，构建新型养老生态圈。本案例通过萃取安心养老综合服务平台从0到1的搭建经验，总结出多主体数字化平台开发的流程，提炼出具有一定操作性和可复制性的平台"六步法"，可为类似技术平台搭建提供参考和借鉴。

关键词：金融科技；数字化平台；平台搭建

> **学习目标**
>
> ▶ 学习数字化平台完整的搭建流程和逻辑。

引言

数字化平台是指通过数字技术和工具搭建起来的一个集成化的、在线的平台，用于连接各种用户、数据、应用程序和服务，实现多方互动和价值创造。商业银行数字化平台建设是数字化转型发展的重要方向，是服务国家战略、服务实体经济、服务人民美好生活的重要途径，是助力实体经济实现高质量发展的重要体现，也是扎根实体经济、回归本源的内在要求。

图1 安心养老综合服务平台搭建六步流程

社会老龄化会带来劳动力不足、公共财政支出增大等挑战。养老不仅是重大的民生工程，也是促消费、稳投资、增就业新的经济增长点。为促进养老产业发展，解决行业痛点，建设银行通过"六步法"搭建金融科技平台——安心养老综合服务平台（见图1）。

政府端实现对辖区内养老机构准入备案、评价检查、应激管理等，支持民政监管，为老服务等事务规范化管理，支撑民政数字化养老服务体系建设。

个人端通过养老App、微信小程序、公众号等多种渠道提供专业的"一站式"养老综合服务，全面覆盖老人的衣、食、住、行、医、情、财7个维度需求，包括支持养老资源获取、老人健康信息智能化管理、长者健康信息查看和关爱、子女互动及提醒、金融理财等。

机构端支持居家养老、社区养老、机构养老等多种养老模式，为机构养老、社区养老引入智能信息化管理模式，提升健康养老服务质量和效率。

安心养老综合服务平台为政府部门、养老机构、养老服务商、老年人、子女亲友、养老规划者等养老生态各方提供一站式智慧养老综合服务，有效与老年人（C端）、企业（B端）、政府（G端）等形成有机强链接和深度密融合，聚力合作、协同共生。

一、做调研

调研是数字化平台构建的重要前提和基础。无论企业对平台需要服务的领域是否具有经验，在平台建设过程当中，首先都要进行需求调研，快速准确地把握住行业的真正需求，全面了解各种平台和技术的特点、优缺点和应用场景。需求调研过程中需要注意几个要点。

一是摒弃过往经验。一般受制于自身或者所在行业的既往经验，调研过程当中最大的一个问题就是带有成见或者带有一种既有的惯性思维，最容易犯的错误，就是认为行业应该是什么样子，不能仅通过书本知识和过往经验来做调研。

二是坚持问题导向。任何数字化系统的建设一定要带来效果，而这些效果就是行业问题的解决，效果想要达到的程度，其实就是行业的目标。要聚焦主题，抓住行业的瓶颈、痛点和难点，并且深入分析，导致这些瓶颈痛点、难点产生的根本原因是什么？再进一步地深入挖掘。

为积极贯彻党中央关于养老民生等相关政策指导，建设银行从党的十九大召开后开始积极探索养老发展新路径，尝试通过搭建数字化平台解决老龄化程度不断增加引发的社会痛点。然而养老服务并不是银行业的传统业务，建设银行在养老领域没有太多经验，建设银行秉持"没有调查就没有发言权"的专业精神，于2017年11月启动调研工作，全面洞察养老痛点。通过调研，建设银行发现了养老领域存在以下几个主要问题。

（一）养老需求极为迫切，但养老体验普遍不佳

中国老龄化问题突出，未富先老成为我国养老的典型现象。到2050年，我国60岁以上的老年人数量将接近5亿，养老需求极为迫切，但现有的养老体验普遍不佳。

（二）国家高度重视养老问题，但政府管理手段乏力

长久以来，民政部门在养老服务方面的管理手段比较单一，信息化技术尚未普及，缺少有效数据支撑作为抓手，也缺少技术手段和信息化能力进行整合，无法满足现代化管理要求，导致了对养老机构的管理尚不规范，养老服务监管信息化滞后。同时，市场平台也未能填补这一空白，大多数平台多集中于为单一的B端提供服务，即为养老服务机构提供数字化平台解决方案，未能实现集约化管理的目标。

（三）养老机构供给不足，运营效率低下

养老机构床位数缺口巨大，老年医护资源紧张，养老机构运营水平参差不齐使

养老服务整体供给不足。

面对这些问题,建设银行将政府需求作为调研的突破口,经过深度调查研究,发现民政部门急迫期望以平台化的方式实现信息管理的线上化、资源能力的整合化、养老监管的精准化,提供一套能够覆盖GBC端的完整管理系统。

二、定目标

数字化平台的价值是连接。数字化平台搭建,就是为需求方或资源方提供链接,从而产生价值。图2中三端代表搭建起平台的基础资源方:用户+资源方+平台方。数字化平台的搭建需要评估整个平台的整体价值。

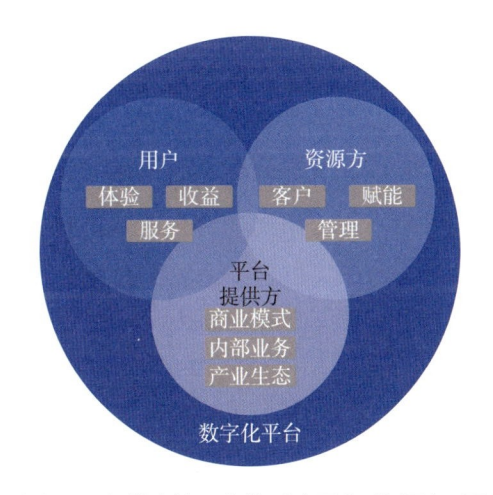

图2 数字化平台搭建的三方模型(用户+资源方+平台方)

安心养老项目组将"价值直观可衡量"作为平台搭建的基本思维逻辑,思考为需求方/资源方(GBC三端)提供的核心价值点是什么。例如直接的收益(精简补贴发放流程,加强养老资金监管)、良好的体验(个人应用/适老化)、良好的服务体验(服务平台)等;通过分析GBC三端价值,逆推分析平台GBC三端的画像及需求痛点。同时确定为GBC三端提供的价值,需要是最直观、容易量化的价值。例如,民政通过平台可以提高各类监管事项的效率并提升精细化管理能力(直接受益),机构通过平台可以找到养老客群(直接获客)、优化内部运营(直接受益),老年人及家人通过平台可以找到并享受服务项目,可以进行线上补贴申领、预付款及时监管(享受便捷服务)等。

基于"价值直观可衡量"的思维逻辑,在深入调研政府、机构、养老客群痛点后，确定安心养老综合服务平台目标，即构建"政、企、银、老"四位一体的养老服务生态。明确平台整体解决方案：通过新理念、新技术、新渠道，以建行公有云为基础，利用大数据、互联网、物联网等技术，为政府部门、养老机构、养老服务商、老年人、子女亲友、养老规划者等养老生态各方提供一站式智慧养老综合服务，形成G（政府）、B（机构）、C（个人）三端联动的健康养老综合生态圈。

三、建团队

定好目标后，就要真正开始数字化平台的搭建工作，这个团队需要具备各种专业技能和经验，以便全面支持数字化平台的建设。构建团队不仅是把人召集在一起，更关键的是要明确一系列体制机制问题，其意义在于搭建起多个需求方的连接，实现资源价值或者需求的流通，从而建立起可持续的运营模式。以下是构建数字化平台团队的关键步骤。

确定团队结构：根据数字化平台建设的实际需求，确定团队的结构和规模，包括各种专业人员，如项目经理、系统架构师、数据分析师、软件工程师、网络安全专家等。

确定团队目标：明确团队的目标和任务，包括数字化平台的开发计划、系统架构设计、功能开发、测试验收等。

确定技术方案：根据实际需求选择合适的技术方案，包括各种编程语言、框架、数据库、云服务等，以提高数字化平台的性能和可靠性。

制订开发计划：根据项目需求制订数字化平台的开发计划，包括具体的时间表、任务分配、预算等。

确定质量管理流程：确定数字化平台的质量管理流程，包括代码审查、测试流程、版本控制等，以提高数字化平台的稳定性和可靠性。

确定沟通机制：建立有效的沟通机制，包括各种会议、工作汇报等，以便团队成员及时交流和解决问题。

2018年1月，建设银行通过建信金融科技子公司"母子联动"，紧锣密鼓开展数字化平台团队的搭建工作。安心养老项目组搭建了两大团队（见图3）。

图3 安心养老综合服务平台开发的团队架构

（一）技术实施团队

1. 开发实施

根据产品交付，保障技术开发进度及质量。进行技术实施全流程：设计、开发、测试、上线、问题处理等。

2. 数据处理

主要负责数据结构规范、数据字典整理、数据报表加工、数据推送；运营数据分析、运营月报生成等。

3. 实施管理

保障产品实施质量，合理申请项目资源，包含质量管理、测试管理、资源申请等。

（二）业务拓展团队

1. 运营推广

对接总行及总部相关部门，业务关系维护及需求初步对接、材料汇报；协助分行进行平台推广，包括客户营销、业务拓展、解决方案。平台落地跟踪，包括协助客户上线、日常运维及售后需求跟踪；数字化运营、生态合作及商业化运营。

2. 产品设计

主要负责根据用户需求，规范平台产品设计，保障产品及需求分析流程：需求细化、需求流程管理、用户体验设计、产品设计、产品实施跟踪、产品上线培训交付等。

四、明需求

明需求的基本逻辑是选取能提供的最优价值，明确核心需求，切勿"一刀切"将全部需求切入平台。平台搭建最忌讳大而全，如果单纯追求大而全，后续的开发会因为分不清主次和场景线过于复杂等问题影响平台交付。

项目组根据不同主体、不同场景、不同功能分别梳理并明确要开发的具体需求，明确各主体的核心价值是什么，影响核心价值达成的痛点是什么，如社区工作人员在以往对社区村镇辖内老年人相关信息的收集和保存工作中，都离不开上门登记、资料整理、表单录入等繁冗的摘抄翻录工作，耗费了大量时间和人力物力。针对这些痛点和难点，安心养老项目组明确需求，基于移动端应用，为社区工作人员开发"信息采集""老年人电子档案"等功能。只需拿着手机拍照、录入信息，平台就能直接生成老年人电子档案，并且可以根据老年人在平台上的信息轨迹，及时同步更新电子档案数据库，帮助民政基层管理人员实现轻松采集、便捷管理。

再如，养老机构等级评定是民政的一项年度基础工作，省、市、区、县均有相应的工作任务，而且评价项目多、耗时长，还需兼顾公平公正。以往的所有流程环节难以避免人为操作的因素影响。安心养老项目组明确需求，基于国家养老机构评定标准，从"多级民政管理、随机抽取专家、现场线上打分、评分汇算定级、辖区等级挂钩"等核心环节入手开发功能，帮助民政部门实现一部手机完成评级定级。这既可以降低人为干预流程的隐患，又可以减轻现场评级人员的人力消耗，也可以提升各级评级相关人员的工作效率。

五、建平台

核心价值和开发需求确定后，最容易出现的问题是平台搭建无架构。当数字化重视持续化，可持续长久方案成功的概率才更大，有些平台因为前期仅考虑到一部分因素，导致技术功能搭建时没有架构，业务拓展处处受限，最终只能重新设计，因此架构的搭建是数字化平台落地的重要一环。平台不单单是功能的罗列，整体的技术架构和产品架构需要能够承载整个平台的发展路径，并且通过运营实现可持续增长。对银行搭建社会化平台而言是"以非金融做金融"，安心养老综合服务平台在赢得社会口碑的同时"以非金融做金融"，推动了建设银行自身的业务发展。例如，在"个人补贴""机构资金监管""养老机构补贴"场景下，带来了对公、对私账户开立和资金沉淀；通过发放"尊老卡"，用专用账户承载民政补贴资金，实现了政府补贴资金流入建设银行；通过提供在线支付结算功能，实现了G端、B端账户获客。可见，可持续增长是数字化平台的基本要素。

在数字化架构搭建时，应遵循以下两个基础原则。

（一）可盈利原则

数字化平台搭建需要投入人力资源、时间资源和直接的资金资源，所以"可盈利、能变现"是数字化平台的第一准则与第一要务。但可盈利并非直接盈利，而是直接、间接完成了企业某种模式（安心养老综合服务平台是以非金融做金融的业务模式）的闭环。后续的数字化平台落地运营的过程中，安心养老项目组也是遵循这种思路设计运营路径。

（二）可持续原则

可持续的数字化，即数字化平台的建设不是一蹴而就的，需要战略、运营、产品、团队等多方面的战略级配合。不遵循可持续化的原则，很容易在数字化平台搭建的开始就陷入眼前功能及眼前业务的细节中，忽略平台长远发展的可能性。可持续还体现在前期的架构搭建、后期的运营逻辑以及平台推广的节奏上。始终围绕可持续原则，数字化平台搭建的成功概率才会提高。

在搭建数字化平台架构时，遵循这两个大原则，可以提升数字化平台成功可能性。明确两个原则后，安心养老项目组开始着手业务架构的搭建。业务架构是指数字化平台上完成的核心业务流程和业务范围。业务架构可以定义哪些角色在平台上运行，数字化平台需要提供哪些功能可以支持业务运转。安心养老项目组依据"数字化平台画布"（见图4）构建安心养老综合服务平台的逻辑架构图。数字化平台画布横轴为平台的关键运营目标，例如为老服务，民政监管；纵轴为为了达到此目标需要哪些功能实现，例如为老服务需要实现"信息采集、能力评估、社区服务、时间银行、关爱地图"等功能；这里的功能可以输出多个，不单单包括业务功能，还需要考虑运营功能和数据功能。

目标1：为老服务	目标2：民政监管	目标3：政策发布	目标4：惠民补贴	……
服务1：信息采集				
服务2：能力评估			服务2	
服务3：社区服务	服务3	服务3		
服务4：时间银行				
角色1 角色2	角色2 角色3	角色2	角色1 角色4	

图4　数字化平台画布

按照这样的思维逻辑，项目组完成了业务架构的搭建（见图5）。这个架构梳理了核心目标、核心服务及核心角色，可以输出整个平台的业务功能表。业务功能表可以有效地防止业务遗漏，并且始终向平台目标看齐，确保不会迷失在繁杂的功能项目中。思路对了，往往就能事半功倍，项目组仅用4个月时间就完成了系统开发、测试和上线工作，上线后系统运行稳定高效。

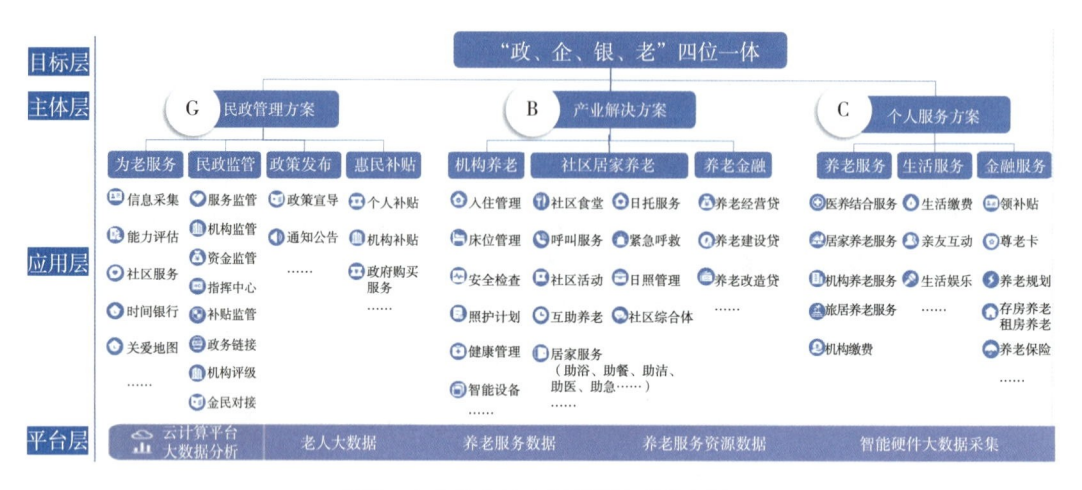

图5 安心养老综合服务平台业务架构

六、个性化

社会化平台的搭建如果不考虑各分行营销推广的金融价值转换，眼睛只靠外看，服务外在需求，那么基层对于平台的营销推广就会不积极，落地推广效果就会不理想。所以一定要兼顾"四看"，即靠外看（看用户端增长）、朝内看（内部业务效率提升）、向前看（按动态思维考虑运营）、向"钱"看（能变现，可持续）。

基于"四看"场景搭建思维，安心养老项目组根据各家分行洞察到的个性化开发需求，持续定制化开发特色"金融+非金融"场景。

（一）金融场景：养老机构资金监管场景开发

为有效落实国务院办公厅及民政部相关工作要求，助力政府部门加强对养老服务机构资金监管，保障老年人合法权益，建设银行部分分行先行试点打造养老机构资金监管场景，与当地民政局开展养老服务机构资金监管合作。

某分行根据当地法规，及市民政局对养老服务机构资金监管的实际需求，于同业第一家与某市民政局合作签订养老服务领域保证金监管合作协议，依托安心养老综合服务平台打造养老服务构资金监管系统，重点就养老机构收取的老年人医疗应急保证金等资金，通过开立保证金专户进行线上资金监管。系统遵循监管规则可定制、监管数据可追溯、监管信息全透明等规则，帮助民政部门对养老机构收取的保证金等资金交易全流程进行记录和追溯，对养老机构资金使用情况进行监控和管理，高效及时预警非正常交易，提高民政部门资金监管工作的效率和水平，同时打开建设银行拓客增存、服务创效的突破口。

（二）非金融场景：社区智慧食堂场景开发

按照国家"居家为主体，社区为依托，机构为补充，医养相结合"的规划布局，社区居家养老是养老服务体系中最主要的形式。北京、天津、河北等21个地区政策文件中提到"居家、社区"这类关键词，明确要加强居家社区养老服务体系建设。社区食堂是居家社区养老服务体系中的重要组成部分，也是近年来政府重点打造的业务条线，目标是为了解决居家的老年人最基本的吃饭问题。

当前各地兴建的社区食堂主要存在数据无法留痕、监管无法开展、补贴无依据、老年人就餐体验差等痛点问题。安心养老平台适时打造了社区智慧食堂场景，打通点餐、支付、监管、结算全流程环节，形成业务闭环，设计灵活的补贴规则引擎，适应不同地区差异化的补贴政策，通过订单记录的形式实现全流程留痕，辅助政府加强服务监管，还能支持多样化的用餐模式、点餐渠道和支付方式，最大限度满足老年人差异化服务需求。截至2023年初，社区智慧食堂场景已在全国多地全面开展。

结尾

实践证明，金融科技平台搭建的"六步法"具有一定的普遍适用性，适用于不同客户群体、市场环境、业务模式，从而提高搭建效率、降低不确定性、增强风险控制能力。在这六大步骤中，定目标最为重要，首先需要对数字化平台的建设目标和需求进行全面、深入的调研和分析，例如提高效率、降低成本、改善客户体验等，以确保平台能够满足各方客户业务的实际需求；其次将目标与自身的整体战略规划相融合，以实现开放共享，协作共赢的目标。

截至目前，安心养老综合服务平台服务已覆盖37个分行，与全国11家省级民政部门签约，在190余个地级市上线应用，服务3万余家养老机构和服务商。

> **思考题**
>
> 1. 六个步骤的顺序可否打乱,有没有可以进一步优化的渠道?
> 2. 六步法中的每个步骤是不是都是必要的?如果想开发涵盖BC两端的数字化平台,哪些步骤可以省略?

系统快速迭代，满足用户需求
——建设银行"云工作室"案例

◎作者：霍然

案例摘要：近年来，银行传统零售业务模式正在发生巨大变革。随着数字化时代的到来，银行与客户的接触方式发生了本质变化，借助网上银行和手机银行，客户办理业务的方式基本已实现了线上化，但是个性化的深度服务如何向线上转型仍然面临很大挑战，同时新冠疫情也对线上服务提出了迫切的要求。建设银行洞察这一时代趋势，在疫情以前就提前谋划，主动变革，打造客户经理"云工作室"线上平台，为客户经理提供专业化、规范化、个性化和全流程闭环的线上服务窗口。

"云工作室"作为客户经理的金融店铺，全方位融入主流社交媒体，与营业网点、专营中心实体工作室深度融合，打造线上线下一体化、场内场外全触点的数字化营销与客户关系新模式。在开发"云工作室"的过程中，开发团队在时间紧、任务重的前提下，创新开发思路，充分挖掘用户需求，采用多种方式和途径响应用户反馈，快速迭代系统版本，广受客户和基层客户经理认可。目前，建设银行已构建"云工作室+"员工私域流量运营体系，成为基层员工与客户建立数字连接、在线提供金融服务的利器，初步树立起员工私域流量运营的品牌声量，是建设银行以科技赋能业务发展的典型案例。

关键词：云工作室；迭代；运营；数据

学习目标

- 了解金融行业系统开发快速迭代的思路。
- 掌握开发端、需求端、运营端消除信息壁垒的技巧。

引言

2020年的新冠疫情在一定程度上加快了生活方式的数字化、网络化、智能化发展步伐。政府办事、商业运营、在线教育、线上办公和数字化协作等一系列数字化方式，使客户体会到了各类线上服务所带来的高效、便利等优势，转变了人们的生产生活方式，也给传统依赖于线下渠道服务的金融行业提出了新的难题。

个人客户虽然能够使用线上方式办理业务，但是由于金融场景日趋增加，金融需求日趋复杂，金融产品日趋丰富，客户仍然需要通过与客户经理一对一地沟通、咨询。同时，客户经理也需要通过营销，为客户个性化地推荐产品和服务。在新冠疫情阻碍客户来到网点面对面交流的不利情况下，需要银行为客户经理打造一个能够连接客户的专属服务平台，客户经理"云工作室"应运而生。

客户经理小杨通过行里的客户关系管理系统梳理营销商机，这时系统给他推送了一条商户营销商机的信息，引起了小杨的注意。仔细浏览数据后，小杨发现一家刚开业的餐饮店就在支行旁边的商场里。法人王总在建行只有一张银行卡，AUM值0~3万。通过系统查询，了解客户相关信息之后，小杨感觉这是个优质的潜在客户，于是他拿起电话拨了过去："王总您好，我是建行客户经理小杨。目前建行收款码优惠活动很多，您看有时间的话可以过来申请一个。""收款码？我手上有好几个银行的了，现在忙得很，没时间去！""嘟……嘟……"小杨拿着电话一脸无奈，"这王总，电话挂得也太快了，都没时间介绍啊！"挂了电话，小杨长叹一口气，自言自语道："这最近都打了多少电话了，都这样，客户都在线上办业务，不愿来网点，人都见不着。都说线下不行搞线上，这线上咋搞啊？新客户加不上，老客户看我天天在朋友圈发产品，都把我屏蔽了，但是不发产品又不知道该发点啥，发完了也不知道客户看没看，真的是太难了！"

以上场景已成为困扰建设银行众多客户经理的难题，银行与客户之间的连接发生了本质上的变化，客户不再习惯去网点办理业务，营销工作开展的难度越来越大。

一、新冠疫情暴发，"云工作室"的诞生与成长

建设银行"云工作室"由客户经理个性化定制，并通过微信消息、朋友圈等主流社交方式分享传播，是建设银行基于社交营销理念打造的互联网获客新模式。一

方面，"云工作室"将看早报、聊理财纳入主要功能，实现客户经理由产品销售者到理财专家的角色升级，提升客户经理的专业形象。另一方面，通过对用户行为数据的收集、留存和采集，方便客户经理进行数据分析和挖掘，进而第一时间完成客户画像，指导后续精准营销（见图1）。

图1 "云工作室"平台界面

建设银行早在新冠疫情前的2019年8月就已着力开发线上渠道。总行个人金融部基于数字时代下客户经理营销工作开展现状及痛点，提出拓宽线上营销渠道，丰富客户"触点"，以科技打造客户经理"金融门店"的业务发展需求。经过与建信金科公司开发团队多次对接沟通，将平台定位为线上金融服务工具，并取名为"云工作室"，并准备依托"云工作室"打造有温度的线上金融服务。2019年12月，初步建成涵盖个人名片、产品、活动、资讯信息以及邀您体验五大板块的"云工作室"雏形。

2020年1月，全国暴发新冠疫情，银行线下业务受到极大的冲击，为了有效应对疫情期间无法触达客户的难题，"云工作室"加快了开发测试速度，开始在全行推广。"云工作室"一经上线，大量客户经理第一时间使用"云工作室"服务客户，开发团队深刻意识到，数字化时代下银行业务由线下向线上迁移，这样一款数字触客的产品真正满足了业务需求，能够帮助基层客户经理突破线上营销的重重困境。

二、以运营汇集一手用户反馈，提升迭代专业性

"云工作室"的快速推广，是机遇也是挑战，一方面是全行客户经理的快速认

可，另一方面是系统快速上线导致的功能不尽成熟。如果用户的需求得不到满足，客户体验不佳，那么久而久之，系统可能就会沦为鸡肋。因此，如何收集用户反馈，不断优化完善软件就成为了摆在开发团队面前的一大难题。

传统意义上，需求端、开发端和运营端是相对独立的，一般业务方提出需求，开发端负责技术实现，运营端关心终端客户的服务。但这一模式有一个很突出的问题，就是信息不对称非常严重，需求端、开发端和运营端很容易各自为战，尤其是开发端很难掌握真正的需求，其原因是：一方面需求端提供的往往是总、分行业务部门通过整合基层需求而成的二手信息，另一方面客户经理使用系统过程中反馈给运营端的问题也难以传导到位。这样的方式很难满足快速迭代的需求，必须在流程上加以创新。

开发团队为了解决这一问题，主导建立了以内部使用者——客户经理为主体的大运营机制。开发团队组建了6个微信群，共计1000多人，开发团队直接参与针对客户经理这一内部客户群体的运营。在群运营的过程中，及时了解客户经理的需求和使用反馈，指导平台迭代升级的方向，在一定程度上解决了开发端对业务理解不全面，无法掌握使用者一手资料，对痛点堵点把握不准确的问题。在产品运营过程中，开发团队对客户使用产品的感受捕捉得更迅速，对产品的理解也更深入，甚至可以达到引领需求开发的效果。

以页面搭建为例，开发团队在运营过程中发现基层在开展旺季营销活动过程中，如果通过传统方式进行定制活动页面的开发，存在开发周期长以及开发成本高的痛点。开发团队马上意识到，这样的需求其实是目前行里普遍存在的，并快速形成解决方案：在"云工作室"上线"内容快搭"功能，运用"云工作室"现有能力，提供给客户经理自定义组合图片、产品、功能、活动的功能，并可一键组装成"云工作室"热门活动页，能够立即展现给客户，实现技术"菜鸟"也能快速、简单、高效地搭建一个专属营销页面的实用功能（见图2）。

为了激励客户经理使用"云工作室"，开发团队还创建了一套激励机制，通过举办营销比赛、发布"云工作室"使用情况排行、评选"星级客户经理"等方式，激励客户经理自发地使用"云工作室"开展营销，并通过不断运营自己的"云工作室"，打造专业金融顾问品牌，从而吸引客户关注。

开发团队还运营了"运营私房菜"建行员工订阅号，在公众号中定期推送关于如何通过"云工作室"开展营销以及私域流量运营的方法技巧等相关内容的文章，进一步提升了客户经理对"云工作室"的使用黏性（见图3）。

图2 "内容快搭"界面

图3 建行员工"运营私房菜"订阅号内容界面

三、深挖用户使用逻辑，提升软件升级针对性

客户经理是"云工作室"的主要使用群体，研究他们的使用习惯对于系统的功能优化尤为重要。新冠疫情期间，很多客户经理不得不居家办公，也对"云工作室"的移动端管理提出了新要求。

（一）定制化设计满足个性化营销需求

"云工作室"一经推出，助力线上营销的作用开始逐渐显现，越来越被更多的业务条线关注。为满足总行其他条线提出将业务呈现在"云工作室"板块中的需求，开发团队将金融小店模式的"云工作室"进行升级，打造为内容高度定制化的"楼层"结构，每个"楼层"代表一个功能模块，除统一固定"楼层"外，客户经理可根据当前营销需求，上架可选"楼层"及具有总分行特色的定制化"楼层"，对"楼层"进行上下架及排序操作，并自主选择呈现内容，具有更多定制权限，真正实现了专业规范但不千篇一律的"金融店铺"打造，有效助力客户经理线上开展营销。

（二）"云工作室m"打造客户经理个人品牌

考虑到新冠疫情期间居家办公的需求，同时提升客户经理营销工作的便利性，将其从行内的计算机上解放出来，可以随时随地更新"云工作室"的内容，为此开发团队提出开发微信小程序"云工作室m"的解决方案。

在"云工作室m"中，客户经理基于行内统一的内容库生成个人专属海报，并通过朋友圈进行分享。客户通过扫描海报上的二维码就可以直接触达资讯、产品、活动等行内营销内容，从而完成由海报内容到"云工作室"的客户引流，以内容为切入点提升客户对"云工作室"的接受程度。

"云工作室m"不仅使客户经理可以突破时空限制，通过小程序直接编辑店铺，还让非营销人员也可以通过海报一键转发"云工作室"中的内容，极大地拓展营销宽度，实现人人皆可营销，从而更广泛地维护建行的私域流量。更重要的是完成了一次理念上的升级，"云工作室"原来以客户经理的个人品牌打造为核心，其运营效果基于客户经理的个人能力，由于缺少标准，运营效果难免存在较大差异。升级后，"云工作室m"的定位从以客户经理为核心转变为以标准化内容运营为核心，建立起品牌化的内容体系和高水平的内容基准，降低了客户经理的运营门槛，

使建设银行的企业品牌和客户经理的个性化品牌得以融合，很大程度上提升了"云工作室"的运营效果。

在"云工作室m"投入运营一年多的时间里，员工使用量激增，用户数多达18.4万，每月大约有3.9万的员工使用"云工作室m"进行产品、活动的推广。

（三）"云工作室+企业微信"打通信息壁垒

"云工作室m"实现了从店铺门面到店铺内容的核心转换，虽然很大程度上吸引了行内员工使用，然而以内容为基座生成海报的方式，一方面客户需要扫描海报二维码进入"云工作室"，延长了客户的使用链路，另一方面扫码进入的方式也让客户对网络安全方面存在顾虑。更为重要的是，客户经理通过"云工作室"服务客户是基于个人微信实现触达，而个人微信无法与行内客户关系管理系统打通，使客户经理无法在微信端及时查看客户数据，营销开展受到限制，无论是对员工还是对客户都存在效率和应用上的问题。

为此，开发团队将"云工作室"进一步升级，将其与企业微信进行整合，将客户经理的营销动作从个人微信迁移到企业微信，并通过行内接口限制客户归属，实现客户经理名下客户关系的维护。通过企业微信中丰富的客户经营功能，同时与行内客户关系管理系统打通，客户经理能够实时了解客户情况，进而通过"云工作室"将资讯、产品、活动等内容发送给客户，实现批量化的精准营销，有效提升营销的效率和成功率（见图4）。

> **小看板**
>
> 企业微信是腾讯微信团队打造的企业通信与办公工具，具有与微信一致的沟通体验，丰富的OA应用和连接微信生态的能力，可帮助企业连接内部、连接生态伙伴、连接消费者。
>
> "中国建设银行"企业微信目前已形成完整的业务运营体系，基本覆盖全行员工。对内提供智能移动办公，对外开展客户经营，是提升建设银行数字化经营能力的有力工具之一。

图4 "企业微信+云工作室"平台界面

结尾

建设银行是首家以"云工作室"命名线上金融服务工具的银行，随着"云工作室"的成功推广使用，同业纷纷将自己的线上金融服务工具命名为"云工作室"，足见同业对建设银行"云工作室"的认可。自2019年平台开发以来，在需求驱动下，开发团队快速迭代，建设银行"云工作室"版本已累计更新迭代81次，成为行内客户经理日常开展营销工作不可缺少的利器。

截至2022年12月，在"云工作室"中累计共创建18万个店铺，活跃员工规模达22.6万，同比增长25%，月均引流员工由2021年的6.1万增长至7.3万，增长20%。2022年全年平均每个员工每月获客数为64个，较2021年同期上涨14%。2022年，云工作室累计触达用户4499.9万，总计实现销售金融产品8491.6亿元，同比上升25%。其中，理财占比为90%，基金占比为5%，存款占比为4%，在业内处于领先地位。

思考题

1. 系统开发应该重点从哪些层面获取需求，不同需求方需求的重要性有无差异？
2. 系统开发过程中收集用户反馈非常重要，如何区分有效的信号和无效的噪声？
3. 系统开发过程中如何平衡迭代效率和系统稳定性？
4. 一手信息、二手信息对开发而言有何区别，应如何有针对性地利用不同信息？

万物在线带来的效率、成本、安全革命
——物联网平台案例

◎作者：张晏玮

案例摘要：物联网技术被认为是继计算机、互联网与移动通信之后的又一次信息产业浪潮，其应用范围覆盖了可穿戴设备、车联网、智能家居、智慧城市以及工业互联网等众多垂直应用领域，推动着广大金融机构数字化能力的不断提升。传统银行网点的款箱管理存在着诸如钥匙交接操作烦琐、管理流于形式、开锁记录无痕等问题，极易滋生风险，为解决以上痛点，物联网款箱应运而生。它从技术上提升了网点款箱管理及使用的安全性、便捷性，基于物联网平台构建智能款箱管理系统，形成一套上下统一、功能完善的管理体系，有效解决了传统款箱管理的疑难杂症。物联网款箱的成功应用提升了网点精细化管理水平和风险管理能力，切实做到了为基层柜员赋能减负，也为其他设备的接入提供了应用案例。

关键词：物联网技术；智能款箱；金融科技

> **学习目标**
>
> ❯ 了解物联网技术在银行智能化转型过程中在效率、成本、安全等方面如何发挥作用。
> ❯ 了解底层技术如何为业务场景提供金融解决方案。

引言

物联网（Internet of Things，IoT）即"万物相连的互联网"，是在互联网基础上延伸和扩展的网络，是将各种信息传感设备与网络结合起来而形成的一个巨大网络，实现在任何时间、任何地点人、机、物的互联互通。当前全球物联网已逐步进入快速发展阶段，万物互联具备了催生连接新价值的能力，其应用领域涉及方方面面、各行各业，有效推动了这些领域的智能化发展，使有限资源的使用分配更加合理，从而提高了行业效率和效益。在此新的时代浪潮下，各行各业几乎都在探索物联网技术在各自领域的应用价值，创造新产品、新服务、新体验。无人超市、无人洗车、无人售卖机、无人银行、无人出租车、无人公交车、无人汽车贩卖机……"无人时代"已铺天盖地而来，"无人"技术快速迭代更是颠覆了传统的工作模式，走进了我们的现实生活。

从前，家家都有互联网，足不出户就可享有全球化的信息；而今，物联网开始走进千家万户，小到手表，大到空调，再到汽车，智能化的生活离我们越来越近。比尔·盖茨曾写道："因特网仅仅实现了计算机的连接，未实现与万物的连接。"如今物联网时代已铺天盖地到来，金融用其与生俱来的敏锐触角，感知到金融创新的机会又将来临。生活中的物联网可以让家庭中的各种设备相互连接，从而实现远程控制和自动化控制。而在物联网金融模式下，同样可以随时随地掌握物品的形态、位置、空间、价值交换等信息，提升管理与服务效率。在物联网技术飞速发展的背景下，银行业重要的实物——现金和"重空"就成为了物联网技术施展才华的舞台，这些重要物品的传统保管模式已越来越无法适应智能化发展的趋势，采用物联网技术的智能款箱应运而生。

> **小看板**
>
> "重空"指的就是重要空白凭证，必须由专人管理。重要的空白凭证分为A类和B类。A类凭证由银行签发使用，包括银行汇票、本票、存单、存折和未使用的银行卡；B类凭证由客户签发使用，包括支票、银行汇票申请、银行本票申请、商业汇票、贷款凭证等。

一、引进物联网尖端技术，设备管理更智能

（一）物联网对金融行业的重要性

随着物联网时代的到来，一方面，客户的金融需求呈现出量质双升的跨越式发展，使金融市场的需求呈现出智能程度高、响应速度快、安全性能好、个性特色强的特征，这对物联网金融生态下金融产品与服务创新提出了新的要求。另一方面，物联网技术的突飞猛进拓展了金融服务的范围，为金融行业注入新的养分与动力，也为金融的转型创新提供了可能性。当前，多家金融机构已经开展了物联网与金融场景的深度融合，使金融能够依托物联网技术，提升服务体验、降低运营成本，实现资金流、信息流、实体流的三流合一，从而深刻变革银行、证券、保险、租赁、投资等众多金融领域的原有模式，塑造新的业态。

金融服务千家万户、千行百业，也正是因为金融行业的高流程化业务的特性和高安全性要求，让其有动力不断探索技术在金融中的应用。物联网是新一代信息科技的重要组成部分，是互联网的延伸和扩展，其将各种信息设备、传感设备结合起来形成一个巨大的网络，实现在任何时间、任何地点人、机、物的互联互通。这样的特点为金融业带来了新的变革机遇，物联网技术将人与人之间的连接，延伸和扩展到了任何物品之间，能够满足银行多种应用场景需求，更让金融业态焕发出新的活力。在未来物联网与金融不断深度融合的过程中，困难繁复的工作可能会发生这样的改变：设备管理更加安全高效、数据分析更加实时精准、风险防控更加扎实严密、客户服务更加智能精细……

物联网走进金融，走进银行，为嵌入式的、无所不在的、无感无界的金融服务打开了一扇门，为未来银行转型提供了方向和重要的借鉴经验。

（二）建设银行开发物联网平台

把金融科技作为三大战略之一的建设银行，对新技术的敏感度从未松懈，物联网技术将为金融领域的原有模式带来新的变革，催生出新型金融业态，在经过充分研判后，从2019年开始，历经三个主要阶段的迭代，总行级物联网技术平台建成，其目的是基于物联网技术将所有设备相连接，实现设备监测、控制，为各类应用场景提供数据采集、命令下发等设备管控能力的支撑。

物联网平台结合了建设银行的设备管控需求与物联网技术设计，建设银行物

联设备管理平台主要包括三部分："云""边""端"。"云"是物联网平台云端服务，为应用提供设备接入及管控、物联数据及视频服务、物联网安全服务等，其中物联设备管理平台，提供设备连接管理、设备生命周期管理、应用赋能等核心功能；"边"是边缘计算，提供边缘侧的智能服务；"端"为最底的设备层，物联网通过提供SDK、Agent程序的方式快速适配各类平台设备。简单来说，物联网技术平台提供了技术中台价值，有哪个设备想要运用物联网技术，通过接口接入物联网平台就可以直接调用平台能力；有哪个设备想要具备和其他设备同样的功能，物联网平台也可以进行一对多的实时数据分发，实现设备功能的复用；如果想要实现一个新场景功能的开发，那就先接入平台提供的标准接口，而后再根据设备特点对数据进行应用处理（见图1）。

> **小看板**
>
> 边缘计算，是指在靠近物或数据源头的一侧，采用网络、计算、存储、应用核心能力为一体的开放平台，就近提供最近端服务。
>
> SDK（Software Development Kit），中文为软件开发工具包，是一些被软件工程师用于为特定的软件包、软件框架、硬件平台、操作系统等创建应用软件的开发工具的集合。
>
> Agent是一个具有自主性、交互性、协同性和智能性等特性的程序或软件。

基础平台已经搭建，物联网技术随时准备入场，如何让其润物无声地走进银行，成为了下一个目标。

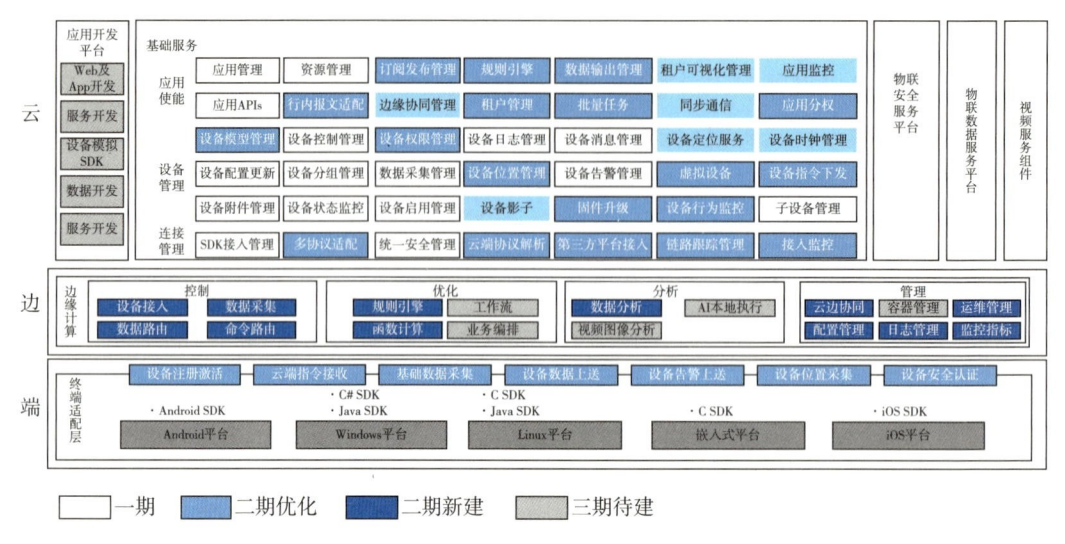

图1 物联设备管理平台功能视图

二、银行款箱的智能化探索

（一）传统款箱存在的问题

银行网点寄库、领缴款箱大部分使用的是"机械锁+机械钥匙"，机械钥匙保管、使用、交接等事项是使用此种传统款箱的必备内容，而这些烦琐的日常操作不仅导致员工的工作效率低、管理难度大，还极易滋生风险隐患。

例如在款箱钥匙的日常管理方面，柜员需要保管钥匙，存在丢失风险，且钥匙的可复制性极大，可能为不法之徒提供可乘之机，某银行就曾因钥匙保管不善发生过柜员盗用尾箱现金40万元的严重违规事件。在备用钥匙管理方面，大部分分行需安排专人保管，并定期开封检查，增加了日常管理难度及工作量。在款箱钥匙的交接方面，除少数网点按人配置锁具，无须进行钥匙交接外，大部分分行均采用按箱配置锁具的方式，人员轮班需进行交接，交接周期从每天到每两周不等，单次交接时间多数集中在120~360秒，且在款箱保管人员更换、日常机械钥匙交接时，钥匙作为重要物品需进行交接登记极易发生漏记、错记等问题，耗时费力，更重要的是机械钥匙管理发生风险暴露后，出现问题后责任不易区分。

看似简单的机械钥匙的管理存在着诸多隐患及问题，为解决网点款箱管理痛点，建设银行开始了智能款箱应用的探索之路。2020年，总行渠道与运营管理部在与技术部门对接需求后，上线了智能锁具——电子挂锁，钥匙管理革命正式开启。

（二）智能款箱的初步探索

电子挂锁的出现取消了传统锁具和钥匙的保管、交接、登记流程，大大降低了网点人员管理传统机械钥匙的烦琐程度，一定程度上能够防范传统机械锁具可能滋生的潜在风险。虽然机械钥匙管理等问题得到了有效解决，但依旧存在开启时间较长及锁具管理不够便利、风险控制不够严密等问题。因此在电子挂锁的基础上，建设银行继续探索能够满足基层网点更多安全性、便利性需求的款箱，推出了非物联网模式的一体化款箱，至此，一体化款箱开始在网点应用。2021年4月，总行启动了一体化款箱试点。试点运行验证了非物联网版款箱增强了风险防控能力，实现了开锁人员及权限的电子化验证，有效防范了钥匙保管、复制、代开带来的安全隐患问题，同时款箱具备较为成熟的开关锁控制逻辑，系统能够通过款箱状态控制"单人开锁"或"双人开锁"方式，逻辑准确，有效保证了款箱开启的合规性。

一体化款箱的上线大大节约了开锁时间，但此时款箱运用的还是非物联网技术，存在着开启需使用介质、不支持批量开启、权限无法实时校验等不便利因素，每天需员工登录系统下载权限到作为开锁介质的指纹钥匙中，再将指纹钥匙插入款箱上进行身份验证以完成开锁、关锁等操作，操作仍然比较烦琐。如果款箱能够实时接收到信号，在员工渠道柜员终端上轻轻一点就可以开启款箱，网点的工作会更加高效智能。

三、物联网款箱带来的效率、成本与安全革命

（一）智能款箱应用入网

为进一步推进款箱的智能化，业务部门与技术部门开启了继续探索款箱的智能化之路。基于前期探索，建设银行已经具备较为成熟的物联网技术平台，具有千万级的设备连接能力和百万级设备的在线数据处理能力，从而支撑建设银行各种设备的连接，可满足全行相关设备连接入网的需求。

总行渠道与运营管理部在与金融科技部门对接优化需求后，发现款箱设备作为精细化管理的典型场景，同样可以接入行内自主研发的物联网平台，能够极大程度上解决款箱管理的难题。经过业务与技术的不断融合，物联网款箱正式上线，并于2021

年8月在两家分行的两个支行率先进行试点。在物联网款箱模式下，简化了网点操作事项，柜员无须再定期维护开锁权限和指纹、下发开锁权限。而且可以根据锁具绑定款箱的类型、当前保管机构、实施状态、人员权限等实现无介质化的智能开锁控制，免去了网点人员每日使用指纹钥匙同步权限、开关锁具、上传开关锁记录等环节，相关人员通过柜面操作即可下发开关锁指令，操作更加便捷、安全，体验更佳。除此之外，物联网技术的运用让款箱具备自动上锁及报警功能，如"开箱后未上锁告警"和"下达指令后未开箱告警"功能，有效把控了款箱未上锁的风险隐患。

自物联网款箱功能上线以来，建设银行一直关注客户使用体验，多次召集各家分行召开座谈会，倾听分行使用建议及体验，并陆续根据分行意见进行了多批次优化，进一步提升客户体验，简化柜员操作。

（二）寻找款箱效率与成本的平衡点

物联网款箱的出现大大提升了网点的款箱管理效率，切实为基层员工减负，但也需要考虑其成本问题。效率方面，据初步统计，传统机械款箱使用及管理耗时最长，主要包括款箱钥匙使用、钥匙保管耗时、交接耗时，全行网点日均耗时为1492人工时。而物联网款箱只有款箱使用耗时，不存在钥匙交接及保管耗时，较机械锁具节省1202人工时，极大地提升了使用效率。成本方面，按点均配置4.9个款箱、折旧期3年估算，物联网款箱采购（物联网款箱使用的网关作为全行基础设施未计入相关成本、电池费用金额较小也未计入）年点均支出约3000元，非物联网款箱年点均支出约2300元，分别较机械锁具增加约2000元、1600元。

从成本角度权衡，虽然无论使用何种款箱，电子锁具均略高于机械锁具，但电子锁具能更大程度提高工作效率及风险控制水平。从柜员使用便利性看，功能更加全面，员工操作难度更低。因此，综合考量，物联网版本的款箱是当前智能款箱中的最优选择。

（三）物联网款箱具备较高金融安全等级

物联网技术与银行业的融合具有重要的时代价值和意义，在物联网技术与银行业务"双向奔赴"的过程中，能够实现传统模式下银行无法有效落实的自动化管理及服务，让银行变得更加智能、业务变得更加高效。但是，物联网作为新兴产物，其体系结构更复杂、没有统一标准，如何应对安全方面的潜在问题显得尤为重要。

因此，在物联网技术平台应用于银行场景的过程中，金融安全问题成为了建设银行考虑的重要因素，将直接影响金融机构的数字化转型能"走多远"和"走多稳"。

目前，物联网接入方式主要有通过网关直连和利用第三方运营商接入两种模式，为了让款箱的使用既智能又安全，项目组从使用成本、信号覆盖范围、安全性、耗电量等方面研判，最终选择网关直连模式及ZigBee通信技术。尽管网关直连方式在实时定位方面有所欠缺，且信号覆盖范围不如第三方运营商接入模式广，但通过网关和物联网款箱的交互可在网点和金库内满足定位管理需要，最为重要的是，通过运营商通信网络接入建设银行物联网平台，安全性偏低，而直接连接行内网络，通过ZigBee通信技术可以按照行内标准进行芯片加密，就技术架构方面而言安全性更高。与同业相比，建设银行使用行内自主研发的物联网技术平台，采用与资金账务交易同级别的安全方案，金融级安全有效保障设备、数据的全链路安全，并与建设银行新一代架构融合，形成合力为业务场景模式创新提供更强大的技术基础。

> **小看板**
>
> ZigBee技术是一种应用于短距离和低速率下的无线通信技术，主要用于距离短、功耗低且传输速率不高的各种电子设备之间进行数据传输，其特点是低复杂度、低功耗、低数据速率、低成本、高可靠性、高安全性，适合用于自动控制和远程控制领域，可以嵌入各种设备。

四、物联网在金融领域的其他应用

物联网款箱只是众多使用物联网技术的应用场景之一。除了物联网款箱，物联网技术也在其他场景释放效能。如对于行内贵重的设备管理，设备上统一安放信标并按照固定频率进行实时信息采集，如果一台设备连续若干小时没有信标采集上来，就很可能是信标故障或者设备丢失，这时会生成相应的报警信息，帮助进行设备管理。再如对于乡村金融设备的信息采集与管理，通过将村里服务点中的智慧大屏、运通终端等设备信息采集到物联网上，可以对设备进行远程监控和数据采集，来帮助实现乡村金融设备的相关应用。

建设银行通过在物联网技术上的不断研发投入，连接海量异构设备，采用多种接入方式，对下提供各类设备的适配、操控与联动，横向联通各类业务系统，共同对上支撑各类金融应用场景的释放。当前，建设银行的物联设备管理平台承担着营业网点、乡村金融服务、智能运营配送管理、智慧园区、资产管理、智慧办公、智慧机房等众多金融和非金融服务场景中海量物联设备的接入管理，为进入物联网金融新阶段提供着基础物联保障。

结尾

在物联网金融模式下，可以随时随地掌握物品的形态、位置、空间、价值转换等信息，并且信息资源可以充分有效地交换和共享，彻底解决了"信息孤岛"和信息不对称现象。比如，针对汽车险的恶意骗保问题，可以在投保车辆上安装物联网终端，对驾驶行为综合评判，根据驾驶习惯的好坏确定保费水平；出现事故时，物联网终端可以实时告知保险公司肇事车辆的行为，保险员不到现场即可知道是交通事故还是故意所为，从而更好地控制风险，降低金融服务的成本。

物联网提出之初，并未获得蓬勃发展，某种程度上是因为嵌入"物"的传感器和驱动器的价格相对昂贵。如今技术成本已经大大下降，越来越多的行业开始布局物联网，寻求效率与成本之间的平衡。当下，面对物联网的蓬勃发展，安全隐私仍是一个关键问题。在人和物都相互连接的情况下，需要建立什么样的界限才能保护安全性？欧盟委员会也曾探讨过这个问题，并确立了一个广泛的法则来指导物联网未来的发展：对于物联网服务而言，隐私、数据保护以及信息安全应该是被无偿满足的需求，而且在为行业提供物联网服务中，信息安全也是一个基本需求。从理论到实践的难度难以忽略，物联网未来的成熟发展，除了要构建安全的技术体系，依旧需要实现数据使用与数据安全之间的平衡。

> **? 思考题**
>
> 1. 物联网技术还可以应用于哪些金融场景？
> 2. 如何平衡使用新技术带来的业务效率提升与技术应用的成本增加？

产品思维驱动AI效能释放
——天权人工智能平台的能力构建之路

◎作者：霍然

案例摘要：几年前，大家可能对机器人的出现还惊叹不已。如今，各种人工智能对天文、地理、小说、代码样样手到擒来，与人们相谈甚欢。巨大变化的背后离不开科技的推动，人工智能技术正在引领新一轮数字化浪潮。"十四五"规划对我国人工智能的发展目标、核心技术突破、智能化转型与应用以及保障措施等多个方面做出明确部署。

金融行业拥有人工智能技术应用的丰富场景和海量数据，为AI能力发挥提供了巨大空间。然而，通过传统的碎片化、烟囱化的AI研发模式支持业务发展往往存在资源复用率低、研发门槛高等诸多痛点问题，如何最大化地释放AI对业务发展的支持效能，成为建设银行在人工智能领域发力的重点。当前，建设银行打造自主创新、共享协作、敏捷高效的人工智能平台——天权，统筹AI应用基础研究、前沿新型技术和工程化研发，平台在满足业务发展过程中大量AI诉求的基础上，以产品思维驱动AI能力的高度复用及敏捷交付，以用户为中心降低AI研发门槛，提升AI资源使用效率，进一步形成系统、有序的组织优势和建设原则。

关键词：人工智能；产品思维；痛点；用户思维

学习目标

> 理解金融行业以产品思维驱动平台建设的逻辑。

引言

截至2022年6月，TAP体系中的人工智能开发平台已完成三轮评测，该评测依据《人工智能开发平台通用能力要求 第1部分：功能要求（AIIA/P 0006—2022）》。本次评测聚焦模型构建能力域，包括64项基本功能和25项高级功能。建设银行的天权人工智能平台经过评测获得"领先级（4级）"的评级，这是当前参评单位通过的最高评级。

一直以来，人工智能作为改变世界的科技革命，成为各大科技巨头争相布局的赛道，以百度、阿里和腾讯为代表的互联网企业纷纷搭建起人工智能平台，如百度飞桨PaddlePaddle、阿里云ET智能、腾讯AI Lab等，通过平台方式打造业内领先的人工智能领域能力。本次对建设银行天权人工智能平台的能力评测，意味着人工智能平台已经不再是科技企业的专利，金融机构的人工智能平台在模型构建能力域已经处于国内领先水平，能够最大化地发挥AI效能，驱动金融业务创新发展。

天权人工智能平台是建设银行为响应国家科技战略、践行国有大行社会责任，自2018年开始孵化的一站式人工智能平台。平台通过产品思维创新支持AI能力在金融业务场景敏捷落地，在此基础上打造的金融大模型产品，可以低门槛支持用户完成各类AI任务，让AI在各个业务场景中充分发挥作用，成为无所不在的工具，走出了国有大行在金融科技领域的一条创新发展之路。

产品思维是一种解决问题的综合思维，是进一步把问题解决方案产品化的过程。在产品思维的指导下，平台在建设过程中一要考虑如何解决问题，二要考虑如何将问题解决的方案产品化。

产品思维一般包括痛点思维、场景思维以及用户思维。所谓痛点思维，是指为了更精准有效地发现问题，通过寻找痛点找出问题的根源，所谓痛点是平台的需求中，被大多数人反复表述过的一个迫切需要解决的问题或有待实现的愿望。无论建设什么平台，解决痛点都是第一原则。痛点存在于需求中，能够被发觉的痛点，往往代表着最真实的价值。场景思维是指在某个实际的、具体的情境下，去思考产品如何满足用户需求的思维。场景思维摒弃了空想用户需求、闭门造车的错误做法。所有平台功能的实现都要把自己置身于用户的场景中思考问题，不能脱离场景设计产品，要融入场景，融入用户实际的应用场景中思考解决方案。用户思维真正站在用户的视角去思考，考虑清楚用户最需要的是什么，什么功能对用户最为重要。这三种思维相辅相成，共同影响着整个平台建设，是技术开发的关键理念。

一、痛点思维驱动需求挖掘，自主建设人工智能平台

建设银行以痛点思维深入挖掘在人工智能研发领域存在的痛点。建设银行从2014年就开始尝试通过人工智能技术支持业务发展，一直以来，人工智能技术团队是最直接开展研发工作的技术人员，然而在通过传统的碎片化、烟囱化的AI研发模式支持业务发展的过程中，建设银行越来越深刻地感受到以下痛点。

> **小看板**
>
> 烟囱化研发模式是指一个企业体量不大时，对于业务需求可以直接由底向上直接开发。随着企业体量变大，业务变多，这种烟囱式研发会导致数据无法复用，做很多重复的研发工作。

（一）AI资源复用率低

海量的数据与计算资源在烟囱模式下，极容易形成重复，导致海量的数据与算力资源无法高效复用。比如，在研发AI模型时，A项目组研发了一套模型，过两天发现B项目组也研发了类似的模型。但实际上A项目组研发的模型可能B项目组能够直接拿过来复制，很多时间、人力和资源都被重复开发浪费了，因此竖井效应导致的AI复用率低就成为了首要痛点。

> **小看板**
>
> 竖井效应是指在开发过程中只看到自己不管他人。

（二）AI研发门槛高

传统研发的AI建模过程非常复杂，需要处理海量数据与计算资源，还需要深入理解算法，人工智能更多情况下是工程师和科学家手中的工具。然而随着建设银行AI需求的不断扩大，非技术背景的业务人员也存在使用AI能力的需求，因此如何把大量代码工作简单化，如何通过技术手段让AI能力变得更加敏捷易用，降低用户的使用门槛，把AI也变成业务人员手中的得力工具和助手，成为急需解决的问题。

（三）AI研发效率低

传统作坊式的AI研发模式下，各项目组需要各自独立搭建专业的环境，无法统一对环境进行运维管理、数据管理、模型管理等，AI对业务的支持效能始终无法得到最大化发挥。

在清晰明确地理解了以上痛点的基础上，人工智能技术团队结合行内系统架构特色，针对行业调研问题进行详细分析论证，一方面，如果引入外部AI平台，需适配行内系统，适配改造工程量非常庞大；另一方面，通过对行业标杆竞品分析和深入沟通，从平台功能范围、输出能力范围和PaaS化能力来看，外部平台都存在一定局限性。更为重要的是建设银行在人工智能领域必须形成业内领先的具有金融行业特性的AI能力以及自主可控的知识产权，因而，最终提出了自主研发天权人工智能平台的解决方案。通过天权人工智能平台，将传统碎片化、烟囱化的AI研发模式转变为标准化的集约模式，实现人工智能从数据、算力、模型、能力等方面的高效复用。

> **小看板**
>
> PaaS（Platform as a Service）：平台即服务，是云计算的重要组成部分，提供运算平台与解决方案服务。

二、产品思维驱动场景建设，创新 AI 能力敏捷可复用

人工智能技术团队以大量金融场景为基础，进一步思考如何更快速有效地将AI

能力融入业务场景，在产品思维的指导下确定通过标准化、产品化的方式实现解决方案，从而达到在研发过程中用最少的时间和精力实现最大化的效果。

在经过多轮需求分析以及技术探讨后，天权人工智能平台确定了"1+5+N"的建设思路，即夯实一个基础平台，支持计算机视觉、智能语音、自然语言处理、知识图谱、智能推荐和决策五大人工智能能力，形成感知、认知、决策三大算法领域，构建专业化、高复用的基础算法组件能力，并通过产品化方式，敏捷创新支持行内N个业务场景。在这种建设思路下，人工智能平台以产品化支持为主、垂类场景建设为辅，在大规模推广使用的基础上实现重点场景的突破，实现了敏捷的AI交付能力以及AI模型的高复用性，有效解决了AI研发中的痛点问题。

技术团队通过分析业务场景中大量的AI需求，抽取其中具有相同逻辑的共性部分，基于五大领域能力孵化出多个AI产品，通过AI产品敏捷支撑上层的N个业务场景。当业务部门提出需求的时候，先要去匹配目前已有的产品，而不是直接立项。通过对场景的深度分析研究，一方面，如果平台上已有的AI产品能够满足需求，则采取产品直接配置交付，无须研发，实现开箱即用。目前，平台上已有的AI产品已经能够满足全行75%业务场景下的AI需求，通过技术手段极大地缩短了研发周期，提升了研发效率。另一方面，对于已有AI产品不能满足需求的情况，则采取定制开发模式完成，由技术团队定制对应模型，并提供工程能力对接、持续运营等技术支持。在研发过程中，技术团队会通过与业务人员深入沟通，判断需求是否为通用场景下的需求，如果是通用性需求则会把该能力迭代到已有产品中。这种方式的结果是，越来越多的功能实现了标准化，AI产品的场景覆盖率和复用性不断提升，极大提高了开发效率。

以金融影像识别产品为例，金融机构日常存在大量票据识别的AI需求。技术团队通过调研发现，传统模式下，不同业务部门提出的需求由不同项目组对接实现，关于影像识别的AI基础能力分散在不同的项目中，存在同质化严重、重复性建设、复用性弱、缺少统筹等问题。因此技术团队提出产品化的解决方案，打造金融影像文字识别产品，该产品以ICR文字识别能力作为其基础能力，在研发过程中通过接触大量金融业务场景和数据，不断训练，打磨产品的算法模型，提升产品的识别精度，并根据专家经验进行总结，逐渐形成独具金融特色的业务领域知识，使AI识别能力更为精准有效，目前已经具备业内领先的金融单据识别能力。

如智能经费财务票据识别场景，原有OCR系统的识别能力只针对增值税普票、专票、全电发票等共7种票据，能够实现票据信息OCR自动录入，然而大部分票据如火车票、飞机票行程单、出租车票等近300种票据仍以线下审核流程为主，因此在该业务场景下，存在大量新增票据识别的需求，而传统模式下需要另起炉灶，研发周期很长，往往需要4~6个月的时间。当业务部门提出需求时，技术团队基于人工智能平台迅速给出了有效的解决方案，通过金融影像文字识别产品，实现以零代码配置的方式支持新增票据识别快速研发，研发周期从4~6个月缩短至1周，快速满足业务人员新增的票据类别识别需求，支持票据类型也由原来7种票据提升至90多种票据，解决了传统定制研发模式无法短期支持的问题。更为重要的是，通过AI赋能，反过来提升了原有票据识别的准确率，增值税各类票据的识别率和精度相较于以前提升了10%~15%，直接省去了专管员复核环节，提升了智能经费业务效率，降低了人工操作的失误风险。

> **小看板**
>
> OCR（光学字符识别）是一种基于图像处理和字符识别的技术，它主要用于将纸质文档上的印刷体或手写字体通过光学方式转换成黑白点阵图像文件，然后通过识别软件对图像文件进行分析处理，获取文字及版面信息。
>
> ICR（智能字符识别）是OCR的一种更高级的应用，它能够处理更复杂的文本和背景，包括不规则或弯曲的文本，如手写笔记或名片等。

三、产品思维驱动用户体验提升，打造众研应用模式

产品思维的核心是用户思维，为用户提供最佳解决方式，提供"最简单、最直观"的体验。对于平台来说，无论功能多么复杂，对用户都要尽量简单和直观，让用户不需要思考就可以"下意识"地去操作，理想状态是省去研究说明书或者培训环节。

天权人工智能平台在投入使用的过程中，技术团队通过调研发现，使用人工智能平台的用户，很多时候并不是专门从事模型开发的技术人员，没有任何技术基础

的业务人员也有很大需求，因此技术团队更进一步思考如何让任何技术水平的用户都能够使用人工智能平台，最大化地释放全行在AI领域的优势效能。

首先，技术团队针对不同技能水平的用户进行了画像，精准了解他们对人工智能平台的使用需求，最终明确了三类主要使用人群。一是没有技术基础的普通业务人员，他们最期待系统操作以"图形化、图像化"的方式为主，避免涉及代码；二是普通技术开发人员，他们希望快速验证已有产品能否支持当前业务需要，以及如何测试投产；三是专业的AI模型开发人员，他们需要通过平台快速进行数据分析、模型构建、部署和监控，并将模型应用到实际的业务场景中。

基于对以上用户需求的详细分析，技术团队打造了众研应用模式，低门槛支持用户完成各类智能化文本分析、信息整合、对话等任务，有效降低智能化使用和场景适配成本，实现了用户体验的极大提升。

一是面向普通业务人员使用AI的直接赋能模式。AI平台将所有的代码工作全部进行了封装，实现真正意义上的零代码，普通业务人员可以进行可视化操作，通过向导式拖拽即可完成AI的使用，完成数据分析、特征抽取、模型训练等功能需求。二是面向应用开发人员的开箱即用支持模式。事业群的应用开发人员可以基于产品配置或AI公共服务，完成资源申请、能力验证和测试投产。三是面向模型开发人员及专家的定制众研模式。模型开发人员可以基于产品和平台完成能力研发，包括模型开发、能力验证和测试投产，或者针对复杂场景需求，定制对应模型，并提供工程能力对接、持续运营等技术支持，有效覆盖了AI模型开发的全流程。

以平台上的智能对话产品为例，该产品基于建设银行金融级安全可靠的成熟技术体系打造，应用多轮问答管理、轻量级模型迭代训练以及智能运营工具等核心技术，能够提供更加符合业务场景需要的智能对话系统与解决方案，实现全渠道接入、全栈管理、全场景覆盖，具备快速定制优化和持续迭代的能力。平台为业务人员提供了零代码可视化开发的方式，在可视化界面下多轮对话流程配置非常简单易用，5分钟就能零基础搭建企业级智能对话机器人，快速应用于企业网站、App等。而且该产品在调试过程中是通过实时机器人进行调试，完全不需要人工参与，极大地降低了业务人员的使用门槛，提升了用户体验，实现了以用户为中心的平台设计理念。

结尾

截至2023年12月，人工智能平台天权已发布402个服务，实现多场景自研算法，形成算法自主能力，强大的算法能力已支撑全行804个业务场景和超过51%的业务应用。在《亚洲银行家》举办的"2023年度中国奖项计划"颁奖典礼上，天权人工智能平台荣获"最佳人工智能技术实践"，代表了行业对中国建设银行在人工智能领域的技术能力与应用成果的高度肯定。

产品思维是一种实现思维，痛点思维是产品思维的基础，场景思维是产品思维的关键，用户思维是产品思维的核心。因此，产品思维的实现方式就是围绕着如何以最佳用户体验最大化解决用户在场景中的痛点。在产品思维的驱动下，天权人工智能平台已经成为建设银行基础技术平台领域的明星产品，基于平台强大的模型构建能力，形成集感知、认知、决策于一体的CCB智能超体。

人工智能是智能化的解决方案，但基于人性的产品思维才是平台建设的根本遵循。天权人工智能平台让我们看到了金融行业如何以产品思维为指引，结合金融属性打造最适合于自身技术能力发挥的基础技术平台，在以AI能力赋能业务发展过程中，有效解决研发痛点，降低用户使用门槛，最大化地释放AI效能。

> **思考题**
>
> 1. 在以用户为中心建设平台的过程中，如何解决不同技术程度的用户需求差异问题？
> 2. 针对金融业务日趋复杂的现状，场景需求也千差万别，如何利用产品思维实现产品的标准化复用？如何平衡标准化与定制化？

数据赋能，智变金融——大数据平台案例

◎作者：张毅

案例摘要：以数字化、网络化、智能化为特征的数字经济，是新一代信息技术与实体经济深度融合产生的全新经济形态。数据和数字技术的深度融合，正在快速改变着企业传统的生产经营与管理方式，数据的处理能力和数据价值的快速释放越来越成为企业发展的重点。作为数据密集型行业之一的金融业，数据更是以PB量级进行存储和计算。在高速增长的海量数据以及更加多样化数据分析模式驱动下，建设银行深刻洞察大数据潜在价值，结合20年的数据经验打造金融级大数据平台——天璇，通过组件化和插件化的平台设计理念，灵活地支撑起全行各种大数据应用。各个应用开发团队可以根据自身需求，利用大数据平台的海量存储计算、数据加工、分析挖掘和数据可视化等能力进行组合，实现大规模数据资产实时管理、不同层次数据加工分析、快速响应监管数据上报等差异化金融业务功能。大数据平台通过企业级平台化的能力输出，实现了数据采集、加工和服务，创建了"人人参与大数据建设、人人享受大数据成果"的普惠应用模式。

关键词：数字经济；数据资产；价值驱动

> **学习目标**
>
> ◆ 如何搭建大数据平台以为金融业务创新发展提供新动能。

引言

在大数据时代，面对日益庞大且增长迅速的数据量，企业的传统集中式计算架构出现了难以逾越的"瓶颈"，普遍面临数据处理能力不足、内部数据流转不畅、数据质量不高、数据开发门槛高等挑战。面对规模大、管理复杂、形式多样、结构化与非结构化共存的数据集，传统的技术架构、单一的产品工具已无法满足企业级用户对于数据的存储与管理、采集与预处理、计算与应用能力的需求。因此，打造一个能够有效存储各类数据、满足不同加工要求、实现数据价值快速转化的大数据平台，已经成为企业高效运用大数据的重要基础。

> **小看板**
>
> 集中式计算架构，指由一台或多台服务器组成中央服务器，系统内的所有数据都存储在中央服务器中，系统内所有的业务也均先由中央服务器处理。多个节点服务器与中央服务器连接，并将自己的信息汇报给中央服务器，由中央服务器统一进行资源和任务调度。中央服务器根据这些信息，将任务下达给节点服务器，节点服务器执行任务，并将结果反馈给中央服务器。

商业银行作为数据密集型行业，不仅拥有存量客户的账户信息、日常交易及流水信息等传统结构化数据，还拥有客户行为数据和服务器运行日志等半结构化数据，以及大量客户办理业务时保存的音视频等非结构化数据。以半结构化数据为例，每天客户点击的银行网站或移动端应用界面次数保守估计可达千万次级别，这些行为数据隐含着大量的客户偏好及潜在需求信息。随着银行业务的不断发展，创新产品的不断新增，外部监管机构、银行管理层和业务部门对决策、信息化管理的依赖程度不断提高，构建具备覆盖从数据收集、整合到分析、应用的全智能大数据平台，让数据存得了、流得动、用得好，真正实现数据资源向数据资产转变，已成为影响商业银行盈利能力、管理水平和风险控制的关键因素。

一、释放数据价值，大数据平台是关键

为实现数据的统一管理，2017年6月，耗时六年时间打造的"新一代核心系统"建设全面竣工并成功上线，该系统打通了系统级、部门级、分行级数据壁垒，整合全域数据形成了完整的数据视图。但随着系统的全面应用推广，各业务条线数据加速融合，系统所沉淀的数据量飞速增长。在数据量和数据类型不断丰富的同时，所需的存储容量远远大于数据仓库，需要根据数据特性选择合适的底层数据存储技术，以降低存储成本。此外，数据整合存在错配、数据对业务发展支撑不佳以及无法实现实时数据加工处理等问题也越发突出。为提高"新一代核心系统"的数据分析挖掘能力，深挖数据潜在价值，建设银行于2018年正式启动大数据平台建设工作，为系统提供底层技术支持。

> **小看板**
>
> 数据仓库，为企业所有级别的决策制定过程，提供所有类型数据支持的战略集合。它是单个数据存储，出于分析性报告和决策支持目的而创建。为需要业务智能的企业，提供指导业务流程改进、监视时间、成本、质量以及控制。
>
> 以金融业为例，数据仓库包含了贷款业务、CRM、存款业务等数据。用于企业做数据分析、出报告、做决策。

大数据平台处理的对象是海量数据，其特点是来源多、类型杂、体量大，既有离线批处理需求，也有时效性要求高的流计算需求。因此，开发团队在对大数据平台进行能力设计时，始终围绕如何高效地对多源数据、异构数据进行采集，如何对大规模数据量的数据进行高效数据加工集成，如何高效且较低成本存储海量数据，如何便捷管理数据并保障数据安全等一系列问题进行讨论研究。大家很清楚，面对商业银行数据应用建设中的各类复杂金融业务场景，如何真正发挥大数据平台的底层技术支撑能力，是衡量大数据平台价值的关键。大数据平台在开发过程中，既要充分考虑技术的领先性、稳定性、易用性、易维护性，也要考虑实施和集成过程中

的灵活性、复杂性、成本投入等多方面的因素。

开发团队经过一年多的研发和沉淀，基于基础设施云IaaS和采用Kubernetes+Docker技术构建的PaaS化大数据平台于2019年正式上线运行。为让大数据平台更适用于复杂金融业务场景，平台所有组件都具备资源在线弹性伸缩、多租户等云化特征，开发团队通过打造数据存储与计算、数据采集、数据集成、数据分析与可视化、数据服务、数据管理、智能调度和数据开发八大技术能力，不仅为全行提供了全流程、开放、全栈、易用的大数据技术服务，还有效降低了大数据应用建设的技术门槛，在一个平台上就能够满足大数据技术处理的场景需求，实现大数据应用的快速交付。

> **小看板**
>
> IaaS（Infrastructure as a Service），基础设施即服务，是指把IT基础设施作为一种服务通过网络对外提供，并根据用户对资源的实际使用量或占用量进行计费的服务模式。在这种服务模型中，普通用户不用自己构建一个数据中心等硬件设施，而是通过租用的方式，利用Internet从IaaS服务提供商获得计算机基础设施服务，包括服务器、存储和网络等服务。

> **小看板**
>
> Docker是一个开源的应用容器引擎，让开发者可以打包他们的应用以及依赖包到一个可移植的容器中，然后发布到任何流行的Linux或Windows操作系统的机器上，也可以实现虚拟化。

随着建设银行大数据平台的推广应用，现已为系统积累的海量数据与金融业务需求间搭建了一座坚实的桥梁，为建设银行业务的创新发展提供了新动能。

二、大数据平台组件化策略满足业务创新的共性需求

银行虽然业务种类烦琐，但大多数业务的底层流程及逻辑有相似性，很多业务场景具备着共性的功能需求。大数据平台利用组件化策略，快速实现了不同金融业务场景对数据建模和模型评估的共性功能需要。

> **小看板**
>
> 组件化策略是一种可实现功能复用和快速交付的平台开发模式，通过将相关业务逻辑单元封装成组件，以松耦合方式，有效降低平台功能开发的复杂性，显著提升含有共性业务逻辑的不同功能实现效率。

数据挖掘组件是大数据平台的重要组件之一，可以帮助银行发现隐藏在大量数据背后的规律和趋势，从而更好地识别市场潜在风险或提升金融服务效率。

以风险防控为例，金融服务的本质是利用信息对风险进行定价并促成交易，银行业作为"经营风险"的特殊行业，主要关注的风险领域包括信用风险、市场风险、经营风险和合规风险等。而提升对客户和市场等方面的风险判别效率和精准度，是对公、零售、财富管理等很多业务的共性功能需求。开发团队希望通过大数据平台的底层技术支撑能力，搭建风险预警模型，有效规避可能面临的各种潜在风险，从而减少银行资产、资本的损失，增强银行盈利水平，提高银行的声誉度和核心竞争力。开发团队在对风险预警模型的各业务应用场景进行分析后发现，虽然各业务系统都沉淀了市场和客户等海量数据，但由于数据格式各异且类型复杂，业务部门难以准确判断潜在的风险点。为提升风险预警模型对风险判别的效率和精准度，开发团队发现，只需要依靠大数据平台对历史数据和实时数据这两个数据集进行收集、清洗和分析处理后，再利用数据挖掘组件，就可以发现相应的规律及风险信号。因此，开发团队不用再单独开发功能模块，而是通过将模型开发、模型管理、推理服务和自动化建模等逻辑单元封装成组件，利用数据挖掘组件丰富数据源和模型训练脚本，就可以发现相应的发展规律及风险信号。

> **小看板**
>
> 流式计算，即对数据流进行处理，是一种实时计算方式。批量计算则是统一收集数据，存储到数据库中，然后对数据进行批量处理的数据计算方式。

如果说风险防控是商业银行的生命线，那金融服务效率则是银行盈利的重要手段。然而，传统数据处理方法大多为批量离线计算，其结果的时效性往往在数据产生后的1~2天。在个性化营销场景下，离线处理的数据不能满足对客户行为和需求的实时分析和把控，容易错失诸多营销商机。运用实时数据处理能力，实时分析客户的需求和喜好，洞察个性化营销商机，是商业银行很多金融业务场景的共性需求。

因此，开发团队首先将像手机银行和建行生活等App在内的埋点数据、银行各类交易及账户等信息、线下网点实时接入的数据，检核清洗后进行储存。通过对数据挖掘组件和数据产品服务组件中的复杂数据技术进行封装后，平台通过实时计算处理技术，实时加工营销数据。行内各相关业务系统通过相关组件可以从平台实时订阅加工后的数据，例如产品潜在客户、网点个性化营销活动、客户营销商机和大额异动商机等。依赖大数据平台强大的实时处理能力，从数据产生到业务人员获取加工后的营销商机，每日处理数据近千亿条，每个流程平均不超过10秒钟。

大数据平台的组件化策略，可以帮助企业快速实现数据整合、数据应用及数据产品的搭建，提高了平台功能复用率，节省了业务场景的开发时间，提高了数据加工运行效率，能够有效地支持更多的"业数融合"场景应用。

三、大数据平台插件化策略满足业务创新的个性需求

银行数据维度多源，业务需求多变、数据量巨大，为了在保证现有成熟功能模块的稳定性和安全性的同时，满足特定业务场景制定个性化业务策略的需求，开发团队决定采用插件化策略，定制化开发相关组件，以保证平台数据应用能力的可扩展性。

> **小看板**
>
> 插件化策略是一种能够提供可扩展性、灵活性和定制化的软件开发模式，插件可以作为一个独立的功能模块进行开发和测试，各插件之间相对独立，能够有效降低开发和测试的复杂性。插件可以包含特定的功能、特性、视图和逻辑处理等。插件化策略是拓展平台能力边界及构建平台应用生态的关键，可更好地解决个性化和复杂化的业务需求。

以金融市场为例，金融市场是一个动态且复杂的领域，随着金融市场竞争日趋激烈，市场不确定性剧增，及时监测市场动态，掌握市场趋势、风险信息、业务收入和交易金额等数据，具备科学的分析决策和严谨的风险控制能力，对于做好金融市场业务至关重要。但传统固定且单一的报表数据缺乏灵活性，业务人员根本无法快速从海量数据中准确把握市场状态，严重影响业务人员分析决策的效率和准确性。

基于此，开发团队将数据分析可视化组件和数据管理组件的能力进行组合，通过可扩展式的开发模式，可快速集成新的开发插件（如数据采集、数据集成、流式计算等），形成插件式的开发套件集成框架能力。通过插件化的流式计算能力，平台可以提供分钟级别的数据统计和汇总，为业务人员快速投资策略提供决策支持。对于面向金融市场业务场景的工作界面，平台插件还增加了个性化设置数据查询和展示权限，并丰富了业务指标计量、灵活数据统计、定制报表输出等可视化报表功能，支持从多张业务报表甚至多个业务系统中取得实时更新的市场数据，并经过复杂逻辑运算得出定向数据集，为业务人员提供及时、准确、直观的决策依据，满足了搭建客户和交易对手统一视图，汇集风险信息、业务收入、交易金额等数据形成统一客户画像的业务需求，很好地解决了金融市场对复杂表样无法运算和报表交互不灵活等业务痛点。

建设银行大数据平台针对金融业务的特殊性，通过插件化策略的有效实施，很好地解决了特定个性化业务场景的特定功能需求。通过大数据平台的基础支撑作用，新技术可以插件式引入而不影响平台其他功能正常运行。目前数据分析可视化组件可支持8.9万行、125列、1000多万个单元格的单张报表运算，针对这种类似千万级数据量的报表分析，可视化组件的报表功能可在8秒内完整展现运算结果。

这不仅满足了业务侧复杂样式、灵活交互、高性能的需求，还显著提高了业务决策和交易判断效率。

四、大数据平台数据云化适配金融监管创新的特殊性

基于金融监管的特殊性，银行需要实时、准确且安全地向监管机构报送数据，而大数据平台中构建的监管数据模型和数据校验功能能够极好地弥补早期监管报送中难以解决的各类数据问题，高效满足监管数据报送的质量要求。

现代银行监管的首要目标是促进银行和银行体系的安全稳健运行，国家金融监督管理总局、中国人民银行、国家外汇管理局等监管机构必须收集大量信息对银行和银行体系的风险进行分析，并对银行的风险管理能力进行评估。这便要求银行根据监管规定，定期报送包括表内外资产和负债、损益、资本充足情况、资产质量、关联交易和市场风险等信息在内的监管报表，通过数据分析统计，建立风险监管监控体系，有效确保金融行业规范运营。但一方面，由于银行数据量大，数据格式各异，数据来源复杂，数据跨度涉及银行多个业务条线，监管报送工作异常复杂。另一方面，各监管机构都有各自定义的数据报表，数据模板多样且相互重叠，同一底层基础数据需要反复报送，数据出错概率极大。因此，早期的监管报送多以项目方式运行，每次对接新的监管机构或者新的数据接口都需要"端到端"定制化开发，甚至有些数据处理任务直接来自业务数据库夜间存储过程的批量处理结果数据，造成了数据上报时效不可控、项目重复开发建设、数据治理难以管控、无法快速对接新的监管需求等诸多问题。

由于监管报送数据的计算逻辑通常比较复杂且数据量大，经常会涉及大表关联计算，而要在分钟级内完成所有复杂逻辑计算且保证数据准确，就必须要对大数据平台进行定制化开发。为保证数据报送的时效性和准确性，开发团队决定依托大数据平台，支持应用构建"统一监管报送平台"系统，并在数据管理组件中配置"数据质量检测"策略，即在每次批量作业完成时自动生成数据质量报告，并定时扫描每日计算结果，交叉比对数据结果校验信息，一旦检测到数据质量问题，平台就可以通过预警方式发送给相关负责人进行及时处理。每次监管数据上报成功后，都会在监管报送数据库里进行记录，确保不会漏报或重报。

通过建设监管报送平台和实时数据仓库，建设银行在不改变企业现有信息架构的前提下，充分发挥大数据平台数据批量和实时计算技术的优势，构建起监管数据

模型和数据校验功能,为行内业务部门提供了多种预置数据上送机制,有效实现了大数据平台在数据管理和存算资源方面的优势。建设银行基于大数据平台构建的监管报送应用,实现了技术的复用、应用的快速构建以及业务价值的快速释放。

结尾

建设银行大数据平台通过组件化策略、插件化策略和数据云化的有机融合,有效推动企业从"成本""速度""创新"三方面实现数字化转型。其作为技术底座,可以提供数据能力组件和运行机制,形成聚合数据接入、集成、清洗加工、建模处理、挖掘分析,并以共享服务的方式将数据提供给业务端使用,从而与业务产生联动,而后结合业务系统的数据生产能力,最终快速响应业务需求,支撑数据融通共享、分析挖掘和数据运营,创造业务价值。

建设银行大数据平台目前支持了180多个应用基于大数据平台的开发建设,满足了金融领域差异化功能需求,并通过大数据平台的相关技术能力,在建设银行内部为营销、风险、产品、运营和安全等业务场景提供了技术赋能,并支撑了金融科技创新服务云平台、大数据实验室、智慧安全、旅程管理、物联网数据服务和经营管理作战室等应用的投产释放,有力地支持了智能营销和生态应用建设,并获得了"2022年科技赋能金融业数字化转型突出贡献奖"。

数字经济时代,企业在数字化转型过程中,从内部运营和各种业务系统中积累了大量数据,可是数据本身的价值有限。对于企业来说,"聚数""管数"和"用数"才是核心。只有依托企业级大数据平台,发挥数据能力对企业发展的基础性、战略性和先导性作用,实现从数据提取、集成到数据清洗、加工、可视化的一站式分析,让业务数据化、数据价值化,才能让企业真正从数据中获取价值,实现可持续和高效益发展。

> **? 思考题**
>
> 1. 企业的各类技术平台如何平衡业务的个性和共性需求?
> 2. 大数据平台在"成本""速度""创新"方面如何发挥更大价值?

躬行篇
——践行金融科技服务国家建设

科技赋能，一撮即合
——"建行全球撮合家"智能撮合平台案例

◎作者：刘怡

案例摘要：社会经济和全球化的持续发展，为中小企业的跨境贸易带来很多商机，但同时，中小企业"出海"仍面临重重挑战，对高质量的交易撮合服务需求十分迫切。商业银行在金融科技的加持下，获得了重新定位自身角色的动力和条件。2019年，建设银行推出了B2B跨境智能撮合平台——"建行全球撮合家"。平台运用金融科技手段，搭建起市场、客户、资金等多种商业要素的桥梁，实现跨境项目、服务和商品等各类资源的供需精准对接，为企业提供"金融+非金融"一站式服务。通过技术创新和模式创新的深度融合，加快实现银行由信用中介向信息中介的跨界转型。平台充分运用金融科技手段，通过大数据分析和人工智能等技术，实现了信息筛选、分析、模型运算等加工处理，提升撮合效率。此外，还利用庞大的海外机构和专业的跨境金融服务优势，提供通达全球的交易和金融综合服务。"建行全球撮合家"平台不仅降低了国际贸易信息壁垒，助力企业间的信息与资源对接，也充分发掘了建设银行作为大型商业银行的固有优势，助力建设银行在竞争激烈的银行市场中实现创新发展。

关键词：撮合平台；信息中介；金融科技；国际贸易

学习目标

- 学习金融科技如何助力银行从信用中介的功能扩展到信息中介的功能。
- 学习建设银行建立的撮合平台在单纯的信息中介服务之外，如何融合金融与科技增强竞争力。

引言

在全球化的今天，国际贸易中仍然存在着中小企业信息不对称、沟通成本高的实际问题，也因此导致全球化在一定程度上助长了大企业垄断的负面效果。[①]中国企业如何触达全球信息、技术和市场，进一步共享全球资源和参与国际经贸合作，成为摆在很多中国中小企业面前的痛点问题。

在我国的金融领域中，商业银行一直扮演着重要的角色，发挥着信用中介、支付中介、信用创造、金融服务等职能。随着时代的发展，企业对银行的服务需求也逐渐增多，例如一家企业从银行获得了贷款，但企业的产品却出现了滞销，企业的愿望就不仅是银行作为信用中介为其提供资金，还希望获得产品需求信息，打开销路，谋求发展机会。

> **小看板**
>
> 信用中介职能是商业银行的基本职能，同时也是最能够反映其经营活动特征的职能。商业银行信用中介职能的实质是利用银行负债业务将社会闲散资金聚集至银行中，之后利用自身的资产业务，将聚集的资金投向各类经济部门。

面对中国企业想要快速实现精准连接，安全完成交易的需求，银行如何通过金融科技助力企业获取交易机会？在提供信息服务之外，建设银行设立的撮合平台与其他撮合平台相比又有什么独家法宝？在金融科技加持下诞生的"建行全球撮合家"平台，就为这些问题提供了新的思路和答案。

[①] 田国立.大众金融——商业银行的进化之路［M］.北京：中信出版集团，2023：193.

一、金融科技发展为银行服务国际贸易带来新机遇

（一）国际贸易信息不对称对撮合服务提出更高要求

信息不对称问题一直是困扰国内中小企业开展国际贸易的难题，信息不对称性表现在事前和事后两个方面。事前会导致逆向选择问题，表现为买方抓住厂商对海外市场情况不熟悉的弱点，伪造信用单据，或利用虚拟公司名义进行欺诈；卖方利用一国或国际经济形势发生根本性变化，以不可抗力为由，拒绝承担责任。事后则会带来道德风险问题，表现为买方可能会谎报收货情况、暂不付款、恶意退货；卖方可能会以次充好，以不符合约定的条件交货。贸易背景信息不充分、合同执行不力、谈判周期拉长和成本压力都使中小企业国际贸易的开展存在多重困难。因此，国际贸易的撮合服务不仅需要对接信息，更需要提供较强的信任保障，来满足国际贸易对交易安全的较高要求。

虽然当前市场上存在一些提供跨境商务服务的平台，但实际上提供的服务大部分集中于信息展示和牵线搭桥，平台展示的信息质量参差不齐，难以为交易双方提供较强的信任保障，更难以提供全面的国际金融服务。面对国际贸易信息不对称的突出痛点，能够兼备信息数量和信息质量，且能提供较强的信任背书的撮合平台在市场上比较少见。

（二）科技进步为银行服务国际贸易提供更多可能

新技术革命也在催生国际贸易方式的变革，提升生产者和消费者之间端到端的互联水平，个性化的需求需要借助于以跨境电子商务为核心的联结模式，实现加工制造和研发设计、营销服务的结合，促进研发平台、营销平台、信息平台与中小企业的网络连接。由此，以跨境大型零售商为核心的贸易模式，将逐渐被生产者和消费者联系更为直接的跨境电子商务所取代。尽管目前的采购模式仍是国外大型采购商主导，但随着跨境电子商务快速发展，未来依托电子商务平台连接整个生产与供应链体系的跨境贸易将成为全球贸易的主要模式。[①] 这种国际贸易模式的线上化转型使撮合平台在未来将发挥更大作用。

进入数字时代，科技对银行业的发展赋能作用明显加强，2017年建设银行正式

---

① 田国立.大众金融——商业银行的进化之路［M］.北京：中信出版集团，2023：196.

将"金融科技"作为全行发展的三大战略之一,加大了对科技的重视和投入,为撮合平台的开发提供了技术保障。在技术支持逐渐成熟的情况下,银行通过智能撮合平台,使拓展信息中介的角色变成了可能。

二、搭建"建行全球撮合家"平台,提供一站式撮合服务

2019年,建设银行以"科技+数据"搭建开放共享生态,推出了B2B跨境智能撮合平台——"建行全球撮合家"(见图1)。作为国内首个由大型国有商业银行推出,支持多语言版本、服务全球企业机构客户、以互联网化运营的B2B智能化跨境服务平台,"建行全球撮合家"立足于建设跨境企业服务共享生态圈的战略远景,致力于服务全球中小企业客户国际贸易和跨境投资,助力全球产业链、供应链畅通。

平台功能主要包括跨境撮合、数字会展、跨境金融服务以及跨境资讯等。"全球撮合家"集中了众多境外用户,主要涉及跨境项目,相关专区主要包含中欧班列专区、"一带一路"专区、日本专区等,此外还提供全球资讯、市场观察等资讯内容服务。

图1 "建行全球撮合家"平台首页

三、金融科技助力,让银行从信用中介扩展到信息中介

(一)接入行内信息,打造诚信营商环境

降低市场上的虚假信息,保证交易的安全性,是国际贸易交易成功的保证,但

大多数B2B平台在信息真实性方面的审查不够严格。

作为大型商业银行开发的平台，"建行全球撮合家"平台在交易的安全审查方面筑牢"防护墙"，在注册、商机发布、交易等多个环节都力求真实。在平台发布信息前，企业需要通过多种途径认证身份；当企业的撮合需求发布后，建设银行会有专业的客户经理电话核实需求的真实性，并对接所需要的服务；此外，系统后台还能与建设银行多个系统连接，根据企业在建设银行内部的情况，提供多维客户评价服务，以建设银行专业指标助力合作对象的筛选。

（二）科技助力信息精准匹配，提升撮合效率

互联网时代的特征之一，就是信息作为一种崭新的生产要素从幕后走到台前，通过与传统的资本和人力资源要素相互融合与替代，产生更大的边际效益。近年来，随着技术手段的迅猛发展，信息要素在经济生活中发挥着日益重要的作用。建设银行充分挖掘海量的客户、资源等信息优势，利用金融科技优势，扩展出信息中介的角色，通过"建行全球撮合家"提供跨境项目、服务和商品等的撮合服务。

> **小看板**
>
> 信息中介的主要功能在于收集、处理和整合有关需求方和供给方的信息，提供资讯服务和协调服务，以促进双边市场上商品和服务的有效匹配。

撮合服务的核心是促成供需双方的交易，因此开发团队把提升撮合服务的体验和效率作为重中之重。在交易撮合功能中，平台通过提供模板、标签管理、权重打分等实现跨境项目、服务和商品的规范化信息发布、撮合匹配及智能推送，配套建设银行专业金融服务方案，支持企业拓宽国际商机渠道。其中，"信息发布"根据跨境交易业务场景，在平台预设跨境项目、服务和商品的信息发布模板和智能撮合规则，通过预设结构化字段翻译，引入中英在线翻译引擎，支持双语实时互译、公开和定向发布；"撮合匹配"通过需求发布模板，采集关键字段信息与标签信息，预设智能匹配模型，支持双语发布和跨语种交叉对接的方式实现，充分运用金融科

技手段提升撮合效率。

截至2022年末,"建行全球撮合家"平台可匹配商机智能推荐率达70%,活动参与主体扩大到14个行业门类、46个行业大类,规模不断扩大,覆盖面不断拓宽,为跨境贸易投资合作搭建的桥梁越来越宽阔。

(三)金融科技提升资讯发布效率,服务企业决策

在提供撮合信息之外,"建行全球撮合家"还为用户提供全球资讯信息,帮助企业用户了解全球商机信息,更好地做出商业决策。

为了满足全球资讯热点等内容的定期推送,只通过传统的人工收集和发布,效率远远不够。平台采用网络爬虫、互联网搜索引擎等多种采集方式,采集和发布全方位资讯。另外,通过银企、银政直连、互联网等多种途径接入社会资讯。运用科技手段,将建设银行内外部、结构化、非结构化的数据接入,实现海量数据的整合,建立大数据资讯服务。

> **小看板**
>
> 网络爬虫(Web crawler),是一种按照一定的规则,自动地抓取万维网信息的程序或者脚本。

四、提供综合金融服务,延伸撮合服务链条

(一)发挥银行信用优势,多种手段为客户增信

建设银行拥有国际全牌照、遍布全球的分支机构以及专业的国际业务人才队伍,利用这些优势,提供全面专业的国际金融服务,这种金融服务能力是建设银行跨境撮合的核心竞争力。针对国际交易和国际金融业务规则复杂的情况,建设银行为实现对接的企业配套提供包括支付、结算、汇兑、融资、保险在内的全方位、一揽子、综合化金融服务解决方案,切实满足跨境企业的金融需求。针对支付结算需求,提供跨境易支付、跟单结算、外汇汇入和汇出服务;针对信贷融资需求,提供

跨境快贷、国际贸易融资和境外保函等多种服务；此外，平台还能连接建设银行其他平台提供金融基础服务，如账户查询、精准测额和汇率业务等，通过"撮合+金融"服务，满足跨境企业的多种需求。

> **小看板**
>
> 核心竞争力理论由普拉哈拉德（C.K.Prahalad）和哈默（G.Hamel）提出，核心竞争力是指组织对企业拥有的资源、技能、知识的整合能力，并据此创造出超越其他竞争对手的独特的经营理念、技术、产品和服务。核心竞争力的主要特征有两个：一是知识集合性与价值优越性，二是难以替代性和路径依赖性。

在跨境撮合的过程中，银行不仅承担信息中介的角色，还通过获取更多信息为客户增加信用，提升中小微企业贷款尤其是信用贷款的可获得性。银行通过信息增信的方式，包括征信、信用评级、信息共享、信用修复等，在贷前促进交流和共享，为信贷决策提供更完整、更具认可度的参考信息；或者采用风险补偿增信的方式，包括担保增信、保险增信、信用衍生工具增信、企业内部增信等，在贷前进行风险分担，贷后发生违约时按照一定比例对贷款损失进行补偿，从而实现信用增进。从国际实践看，增信是化解信息不对称问题的普遍做法和途径，可有效缓解中小微企业融资难、融资贵问题。[①]

（二）打通线上线下，创新举办各类撮合活动

针对跨境企业难以当面交流、信息沟通不畅等问题，平台联动线上和线下，帮助主办方以直播等形式发声，吸引更多企业的关注。除协助企业远程参展外，不断创新跨境撮合模式，为跨境展会、论坛等活动各方提供"数字会展""活动大厅"等场景支持，帮助企业在线搭建数字展厅，为参展商提供方便快捷、触达全球的会展服务，助力境内外企业实现云端对接。通过"互联网+会展+金融"的跨界融

---

① 田国立.大众金融——商业银行的进化之路［M］.北京：中信出版集团，2023：199.

合，支持展会主办方、参展商和采购商使用中英双语在线组展、布展、观展，提供实时互动的直播间和会议室，提供集展览展示、交流对接、撮合匹配、活动运营等于一体的综合解决方案，并将金融服务融入会展场景，实现灵活、高效和融合的会展生态。

2021年5月，山西省临汾市晋之源农业开发有限公司受邀参加了"建行全球撮合家"平台举办的"中部六省—匈牙利跨境撮合及跨境人民币推介会暨第二届中国—匈牙利地方合作机制会议"。会上，该公司对匈牙利多瑙河公司提供的优质彩椒种子表现出极大兴趣，希望可以把匈牙利优质彩椒种子引进中国山西推广种植。建设银行山西省分行得知情况后，组织中匈双方公司通过"建行全球撮合家"平台进行"一对一"线上洽谈。同时，与建设银行欧洲匈牙利分行加强联动，持续跟进双方的洽谈进展，在中欧交易习惯、经营理念、进口细节、通关事宜等方面详细对接，形成一套明晰完备的种子进口贸易合作方案。不久的将来，适合中国百姓口味的匈牙利优质彩椒品种将在中国市场精彩亮相。

截至2022年末，"建行全球撮合家"聚焦"绿色、普惠、创新、科技"等重点主题，扩大服务覆盖面，已为35个国家和地区举办210多场数字展会和跨境对接活动，助力1.7万余家企业实现云展览、云洽谈。此外，还先后为广交会、消博会、中部博览会、中东欧博览会、中国—东盟博览会、中非经贸博览会等大型展会提供综合服务方案。在这些活动中，建设银行发挥自身组织优势，为企业和政府机构提供标准化活动支持服务，在活动的前、中、后期全程跟进保障，提升跨境撮合的成功率。

结尾

"建行全球撮合家"以"跳出金融做金融"的逻辑，在业务流程开始之前营造服务场景，并在服务过程中获客拓客，运用金融科技手段，实现银行从传统的信用中介向"信用中介+信息中介"转变。随着平台功能持续丰富，用户规模快速扩大。到2022年末，平台注册企业用户超23万家，累计发布商机18万余条，接入20个省市国际贸易"单一窗口"及20余个公共服务平台，与日本贸易振兴机构、马来西亚"单一窗口"等8个境内外平台实现双向互联。

借助"建行全球撮合家"平台，建设银行实现了线上线下、国内国外的连接。并借助自身在国际化经营、金融科技和商业银行传统业务等方面的优势，在互联网时代背景下走出了商业银行全新的发展之路。

> **? 思考题**
>
> 1. 信用中介是商业银行的基本职能,而信息中介则是新拓展的职能。银行在作为信息中介提供撮合服务时,是如何结合信用中介职能的传统优势的?
> 2. 核心竞争力具备一定的延伸性,能为企业在未来开发新产品和进入新市场提供潜在途径。对商业银行来说,还可通过什么方式发挥自身核心竞争力的延伸性,找到未来更多的发展机会?

金融科技技术与金融业务的融合升级
——区块链平台案例

◎作者：魏溥亭

案例摘要：区块链技术作为数字经济时代的重要底层支撑技术之一，在推动数字产业化、健全完善数字经济治理体系、强化数字经济安全体系中发挥着重要作用。以区块链构建未来数字经济的基础设施，就像移动支付一样正在改变人们的生活。区块链技术以其去中心化、不可篡改、可追溯性、降本增效等特点，对破解网络世界最大的信任难题具有重要意义，能够推进从信息互联网到价值互联网的飞跃。目前，区块链技术已在金融领域落地完成高效的应用。为顺应区块链技术发展的大趋势，建设银行以建行云为依托搭建全行统一的区块链服务平台——天枢，聚焦云端的技术能力和服务能力交付，面向跨境支付等金融领域提供场景化的服务支持，为金融科技创新提供完善的技术和服务支持。

关键词：金融科技；区块链；跨境支付；中欧班列

> **学习目标**
> ▶ 寻找技术属性和金融属性结合点。

引言

区块链是一种新型底层信息技术，改变了传统的依赖中心节点的信息验证模式，通过集成分布式存储和共识算法等技术建立信任机制。区块链技术最早应用于比特币，比特币也是大众了解最多的区块链应用场景，通过比特币的特点，我们可以反观区块链技术背后的价值。比特币作为新型的数字货币依托区块链的技术，实现了高效、低成本的运作模式。通俗地讲，首先，区块链的技术就是消除了中间人的需要，交易可以直接在参与者之间进行，减少了交易成本和延迟。其次，区块链的透明性意味着任何人都可以查看所有交易记录，其链式结构保证了数据一旦上链即不可篡改和可追溯，这增加了数据的可信度和防止欺诈性；而智能合约的自动执行性解决了传统金融交易审核流程复杂、人工审批时间长、效率低等问题；同时，区块链具备的不可篡改性也赋予了其可追溯的功能。基于这种特性，人们可以构建在没有中介辅助下多个参与方之间的资产交易、价值传递的网络，通过建立执行智能合约，推动契约关系和规则的维护和履行，降低信用建立成本，营造良好市场环境。这种技术可应用在物流系统中，使货物运输全流程可视、可控。

建设银行以应用创新驱动技术创新，通过平台级产品建设、承载和沉淀技术创新成果，以组件化、平台化、云服务化的方式支撑应用创新，不断扩展区块链技术的应用范围，寻找区块链技术属性与金额属性的结合点。在这一过程中不断深化研发，构建集团级区块链全生态场景。

一、区块链技术助力跨境支付平台建设

（一）跨境支付政策背景

"一带一路"倡议提出以来，中国对跨境支付的需求日益增长，马来西亚企业与中资企业之间建立了贸易市场，中资企业与马来西亚公司合作过程中需进行多次投资外汇回流，面临着多次跨境兑付，因此升级跨境支付系统、提升跨境支付的效率，成为了建设银行金融数字化新赛道的突破口。经过深度的调研分析，了解到跨境支付系统现存的痛点问题。

（二）跨境支付存在的痛点

> **小看板**
>
> 国际资金清算系统（SWIFT）由环球同业银行金融电讯协会管理，作为全球重要的金融基础设施，为跨境结算提供了安全、可靠、快捷、标准化、自动化的通信业务，提高了全球支付的便利性，被广泛使用。

传统跨境支付体系是由各货币发行国的本币清算系统衍生而来的银行账户体系，由传统支付清算系统（RTGS）、代理行网络和环球银行间金融电信协会（SWIFT）三部分构成。三者分别负责跨境支付中的最终清算、资金划转与信息传递。全球传统跨境支付体系的复杂构成及制度安排决定了跨境支付存在诸多痛点。

1. 费用较高：跨境支付资金链条长，往往涉及多家代理行的多次扣费。高昂收费包含代理行运营中的汇款服务、往来账户流动性、合规、外汇兑换等多重成本。

2. 时效性不够：SWIFT数据显示，目前使用SWIFT的跨境支付时效平均为两小时，且因支付路径差异最长可达两天。

3. 透明度不足：跨境支付所涉不同银行独立进行记账、操作、收费，易出现信息不对称问题。因内部合规等因素，多层代理行间信息共享程度有限，难以充分获知收付款人真实有效的信息，致使跨境诈骗、洗钱、恐怖融资等风险提高。

国际传统跨境支付模式的痛点导致国内的跨境支付效率低，成本高。为了解决这些问题，建设银行进行深度探索，最终随着数字化支付体系的普及和发展，建设银行结合了金融科技技术—区块链，打造了"跨境易支付"系统。

（三）区块链技术与跨境支付功能的融合

区块链技术通过建立可以同步协调运行的存储系统，使所有用户的服务器都可以参与系统的运行，同时其不可篡改性也保证了数据交易的真实性。

银行的支付职能是金融系统的重要职能组成部分，通过去中心化可以很大程度上节省银行的运营成本。当一家银行与其他银行建立信任关系之后，就不用再通过中介开展各种金融活动，能省去很多中介费用。尤其是在跨境支付中，区块链去中心化的特性，无须第三方介入审批，通过区块链进行支付，可有效加快资金的划拨、清算和结算，提高工作效率。双方跨境结算可以在短时间内完成，资金到账更快，安全性也得到了保障[1]。此外，通过区块链还可以有效降低银行系统的运行风险。在传统的金融系统运行过程中，往往存在比较严重的系统风险，金融交易过程中往往不能有效掌握对方是否进行了资金结算，而区块链技术数据链的不可篡改性能有效解决该问题。与此同时，区块链的分布式公共交易分类记账特性还可以解决跨境支付业务中出现的由于信息不对称而导致的互相不信任的现象。由于传统支付系统信息披露不充分，最终造成系统运行效率偏低，同时交易过程对书面文件的依赖程度高，整个交易流程手续繁杂、耗时较长。通过区块链的功能，大大提高了企业之间的信任度，减少了对书面协议的依赖，增加了跨境支付的效率。

"跨境易支付"自2020年4月正式上线以来，汇款效率从原本2~3天的到账时间缩短至10分钟。截至2023年8月，该系统已实现交易金额超8779亿元人民币，成功对接VISA、StoneX两种支付渠道，支持汇出币种140余种，面向境内外企业客户开放高效和低成本的跨境支付服务，利用其核心业务功能对接和赋能多个业务系统，不断扩大使用场景、业务渠道和适用范围，将建设银行支付结算业务领域多个系统和多个参与方连接起来，初步形成了跨境支付业务生态。

二、区块链技术为中欧班列提供金融支持

（一）中欧班列背景

加快建设交通强国是党中央立足国情、着眼全局、面向未来做出的重大决策，近年来，国家相继出台针对建设交通强国的重大发展战略部署。2016年10月，推进"一带一路"建设工作领导小组办公室印发《中欧班列建设发展规划（2016—2020年）》，全面部署中欧班列建设发展任务。中欧班列（CHINA RAILWAY Express，CR Express）是由中国国家铁路集团有限公司组织，按照固定车次、线路、班期和全程运行时刻开行，运行于中国与欧洲以及"一带一路"共建国家间的集装箱等铁路国际联运列车，是深化国家与沿线国家经贸合作的重要载体和推进"一带一路"建设的重要抓手。

---

[1] 李玲玲.区块链技术的本质特征及其在金融领域的应用[J].企业科技与发展，2019（6）：177-178.

（二）中欧班列存在的痛点

中欧班列与西部陆海新通道作为"一带一路"对外开放的重要载体，发挥着越来越重要的战略通道作用。而铁路运输的生产、贸易和运输企业通常为轻资产运营，缺乏可靠的财务信息和稳健的信用表现。传统铁路运单难以确保贸易背景的真实性，铁路运单上企业的交易信息并非完全的透明公开，所以当企业向商业银行等金融机构发出融资请求时，银行并不能有效地掌控贸易背景中的交易资金、产品流动等相关信息，进而也就无法有效确保贸易背景的真实性，只能被动地以融资企业所提供的贸易单据及合同订单为基础，以此进行对外放贷。在这个过程中，银行对运单的真实性以及风险也无法把控。

由于铁路货物运输缺乏有效的物权凭证等原因，传统贸易金融服务难以为上述企业赋能，融资难、融资贵和结算不便等问题较为普遍，传统铁路运单资产交易主要是通过纸质合同进行的，一旦还款方不遵守合同条款，履约风险就会难以控制。除此之外，应收账款中的付款方还经常发生逾期还款的现象。当跨境运输货物交付过程中出现多方参与者的时候，就会存在很多不确定的因素。因此银行将铁路运单作为信用证给企业融资发生违约的概率较大，从银行的角度也存在一定风险，无法为上下游企业提供多样化便利的金融产品进行融资，因此，较大程度制约了中欧班列、西部陆海新通道等战略通道的高质量发展，中欧班列的相关融资问题也成为推进国家战略需要解决的难点问题之一。

为了推进中欧班列建设，助力"一带一路"经济发展，2021年12月，国务院办公厅发布《关于印发推进多式联运发展优化调整运输结构工作方案（2021—2025年）的通知》，要求深入推进多式联运"一单制"，探索应用集装箱多式联运运单，推动各类单证电子化；探索推进国际铁路联运运单、多式联运单证物权化，稳步扩大在"一带一路"运输贸易中的应用范围。为了进一步推进"一带一路"经济建设，解决中欧班列铁路运单的痛点问题，建设银行响应国家号召，依托区块链技术打造了铁路运输电子提单，赋予了铁路提单相应的财务信息和稳健的信用，改善了中欧班列上下游企业融资问题。

（三）区块链技术与金融功能结合

跨境货物运输运单无法保证货物的运输信息和提货权益，供应链上不同产业领域信息独立分散，使交易信息在传递过程中的真实性无法被鉴别，与其相对应的贸易背景真实性也就难以确保，因此传统货运运单信息不能作为银行抵押的信用证件。区块链所具备的时间戳以及不可篡改的特点，能够有针对性地提升贸易背景真实性。货运信息加密上链、不可篡改，铁路运输凭证的真实性、唯一性和有效性得到充分保障。同时，铁路承运人在实际操作中，将放货规则由"凭身份证明放货"变为"凭铁路电子提单放货"，实现了货物运输全流程的可视可控，通过中欧班列平台交易过程中所产生的商流、物流、资金流以及信息流可以做到交易数据的透明统一。系统上每一项交易的达成都伴随着一个节点的自动生成，节点所生成的信息会通过共识机制进行交叉验证，从而确保了数据的真实性。商业银行能够实时地在区块链上了解存货信息，进而核验货权和存货的信息是否一致。所以，有了区块链技术加持的中欧班列提单，可以作为银行抵押的信用证，为中欧班列两端连接的企业进行融资。

区块链去中心化特性助力银行上下游企业融资，在区块链的去中心化结构下，系统中的所有节点都处于同等地位且各自独立，不再依赖于任何一个单独的个体。各个节点都可以在平等自由的前提下录入数据信息，而且能够随时验证，其结果也会公开共享给其他所有节点。因此，二级供货商和提货商的企业信息也会上传至节点中并进行验证，商业银行等金融机构能够以此数据为它们提供融资，无须再像以往一样，依靠核心企业的信用为中小企业发放贷款。这种模式使许多供应链末端企业能够更加快速地完成融资目标并降低融资成本，同时也推动了铁路运输行业乃至整个物流供应链金融行业的整体发展。

智能合约有效降低合同履约风险，智能合约是一种生成契约条款的存储于区块链上的计算机程序，如果实现了程序中假定好的条件，一个与之相对应的合同条款就会被强制执行。在提单交易过程中，一旦参与金融交易的各方主体运用智能合约，那么当其中某一企业完成了事先约定的经济行为时，智能合约系统就会强制要求与其相关的其他企业按照事先约定履行合同条款，能有效确保还款来源，减少了人工操作的失误性，也极大地降低了交易核查成本以及合同的履约风险[1]。

---

[1] 杨甜. 基于区块链的"平安好链"供应链金融平台案例分析［D］. 保定：河北大学，2021.

结尾

判断一个新技术是否能够应用于金融领域，其关键点是找到这项技术的底层逻辑是否与金融业务的底层逻辑存在结合点，也就是说要研究技术是否能够从根本上解决金融业务面临的问题。在这个过程中需要破除技术表面上的层层包装，从技术本身而不是产品层面找答案。比特币等数字货币确实存在种种弊端，也在某种程度上产生了一定的风险，但是其底层的区块链技术却能够解决金融市场存在的现实痛点问题，同时赋能经济发展。

区块链不可篡改、可追溯的种种特性，与金融的重要属性——信用能够无缝衔接，能够从底层逻辑上为金融赋能，上述案例的成功，意味着区块链技术对金融行业有巨大价值。

技术必将不断发展，会有更多新技术出现，金融行业应用新技术的目标不能是赶时髦，更不能是为了炫技，关键要研究技术能否与金融的底层逻辑相通，从而帮助金融为社会创造更大的价值。

> **？思考题**
>
> 1. 区块链技术还可以在哪些金融场景中应用，应用过程中如何与金融更好地融合？
> 2. 金融的本质包括哪些，目前还存在哪些需要新技术解决的矛盾？

科技推动商业银行渠道变革
——"裕农通"打通服务乡村最后一公里

◎作者：霍然

案例摘要：传统银行业在城市与乡村发展并不均衡，城市金融蓬勃发展，大街小巷布满了大大小小的银行网点，然而在偏僻的乡村地区，农民往往需要驱车数小时才能到达就近的银行网点办理金融业务。一直以来，乡村金融发展存在着基础设施薄弱、运营成本高昂、信用体系缺失等问题，导致金融之水难以灌溉广袤的乡村地区。党的二十大提出全面推进乡村振兴，建设银行积极响应国家战略，以科技赋能金融，打造"裕农通"乡村振兴综合服务平台，平台集金融服务、智慧村务、便民服务、电子商务于一体，让农民足不出村就可以随时获取金融及非金融服务，实现了传统农村金融的渠道变革，依托平台连接广大农民，并通过乡村多维服务极大提升农民对平台的使用黏性，以科技手段破解传统金融业务模式无法触达乡村以及服务成本高的问题，有效打通金融服务乡村"最后一公里"。

"裕农通"乡村振兴综合服务平台的开发、推广和应用，在传统金融渠道变革的基础上，将国有大行的金融服务真正下沉到了农村，让更多普惠服务场景被引入农村地区，依靠金融科技的力量，真正让广大农民能同等享受金融服务和金融资源，是建设银行以科技赋能业务发展的典型案例。

关键词：乡村振兴；平台；渠道；数据

> **学习目标**
>
> ▶ 理解如何以技术为手段，以渠道变革为思路，破解传统金融在乡村触达难及成本高等问题。

引言

走进长江村村委会，"裕农通"综合服务平台的触摸大屏就摆放在村委会的办公桌旁。"我要购农资""我要用农机""我要卖产品""我要买产品""我要找服务""我要办贷款""我要办缴费""我要学习""我要咨询政策""我要办村务"，大屏上多个功能模块简洁、醒目，村民们时不时地来到村委会，驻足在大屏前办理业务，脸上露出满意的笑容。这样的场景在建设银行遍布全国的各个"裕农通"普惠金融服务点已经屡见不鲜。

一直以来，我国农村地区幅员辽阔、产业布局分散、人口相对稀疏，农村基础设施建设周期长、投入大，部分偏远地区仍有渠道覆盖盲点，金融服务无法有效触达。以传统的视角，涉农产业存在质量不高、外溢性强、服务成本高、风险大等问题。这些因素叠加在一起，既提高了金融机构服务农村的成本，也降低了金融服务的可得性，农村金融发展难以形成规模效应和可持续的商业模式。

党的二十大报告指出，全面建设社会主义现代化国家，最艰巨最繁重的任务仍然在农村。农业强不强、农村美不美、农民富不富，决定着社会主义现代化的质量。金融是经济的血脉，也是乡村振兴的关键支撑，建立健全多层次、广覆盖、可持续的现代农村金融服务体系，引导更多金融资源配置到乡村振兴重点领域和薄弱环节，才能为全面推进乡村振兴提供更强有力的金融支撑。

然而一直以来，金融服务体系缺位、真空等因素成为制约农村经济发展的瓶颈，大大影响了乡村基础性金融服务质量和效率。面对乡村振兴的现实需求，传统金融的做法是失灵的，银行不可能在广袤乡村再走广配人员、广设机构的传统老路，而是需要以科技变革传统服务渠道，进化出新的金融服务能力。服务乡村振兴不是一项慈善工作，而是一种新的经营模式，如何有效地将金融资源引入田间地头，建设银行提供了一种解决问题的思路。

2019年11月，建设银行在同业成立第一家专门的乡村振兴金融部，从自身资源禀赋出发，充分发挥金融科技优势，构建了"1211"乡村振兴综合服务体系。依托"裕农通"乡村振兴综合服务平台推动服务重心真正下沉至乡村，以共享连接生态，以普惠润泽乡村，以科技赋能金融，服务"三农"事业，助力乡村振兴。

> **小看板**
>
> "1211"乡村振兴综合服务体系：第一个"1"：打造一个平台——"裕农通"乡村振兴综合服务平台；第二个"2"：打造两大涉农信贷产品包；第三个"1"：打造一系列涉农专业化生态场景；第四个"1"：打造一套涉农金融数字化风控体系。

一、渠道变革驱动业务下沉，破解农村金融服务难题

自1994年金融体制改革以来，随着我国银行业改革，各金融机构缩减了农村地区的经营网点，逐步从县域以下撤并，向大中城市转移。商业银行网点的撤并使农村地区本就不充裕的金融资源更加稀缺，农民的金融服务需求更是难以满足。

如何能够打通金融服务渠道，将金融之水有效地引入农村，让农民能够平等地享受金融资源和服务？这是金融机构如今面临的一道必答题。建设银行面对乡村振兴的业务新蓝海，下定决心重新对乡村金融进行顶层设计。那么，摆在面前的第一个问题就是，在农村网点数量远低于优势同业的局面下，如何才能更为有效地触达广大农民群体。依托广配人员、广设机构的传统渠道布放显然成本过高，不能再走重新设置网点的老路。

建设银行金融科技战略的成功实施，为构建乡村金融新生态提供了破局之道，通过建设"裕农通"乡村振兴综合服务平台，能够实现传统渠道变革，并将线上渠道进一步向线下延伸，真正将银行服务输送到农村地区。

"裕农通"乡村振兴综合服务平台是建设银行创新研发的普惠金融服务平台，围绕农村生产生活场景，串联农业、农村、农民，与涉农企业、政府机构合作共享，为农民提供服务。对农民来说，"裕农通"平台让村民足不出村，在线上渠道就可以享受智慧政务、农资服务、农户信贷、金融服务、技术培训、政策宣传六大类服务（见图1）。

图1 "裕农通"平台界面

在"裕农通"线上平台建设的基础上，建行人在与农民深入接触的过程中，深刻地感受到随着银行金融机构撤离乡村，也增大了村民与金融的心理距离。现实中很多农民朋友并不具备相应的金融知识，对银行金融产品、服务模式也不够了解，若没有现场人员的手把手示范，即使有"裕农通"平台，可能也会成为摆设，农民想便捷获取金融服务还是有不少困难，而"裕农通"平台的连接效能也无法最大化地发挥出来。因此，除了线上渠道以外，建设银行还充分连接农民高频出入的场所，打造线下渠道，实现线上线下渠道的有机融合。在未设立金融网点的县域乡镇农村地区，建设银行与当地村委会、乡村超市、卫生诊所、退役军人服务站等第三方主体合作，建设"裕农通"普惠金融服务点，设立"裕农通"业主，在服务点通过智慧大屏及业主服务平台为周边村民提供服务，极大方便了村民的生产生活。通过线下服务点，让广大农民真正感受金融服务的真诚与温度，对金融"看得见、摸得着"，拉近了建设银行与农民之间的距离。依靠金融科技的力量，通过"裕农通"线上线下渠道布放，充分连接广大农民，破除了传统金融服务渠道缺失的梗阻，有效地将金融服务引入乡村。

二、渠道变革助力场景布放，提升农民使用黏性

通过"裕农通"平台，建设银行有了触达农民最重要的渠道，如何让农民更加自主自愿地使用"裕农通"平台，使其真正成为农民离不开的"新农具"，成为建设银行扎根乡村的关键。移动互联网时代，平台运营是决定平台能否长久生存的核心，而场景化思维是一切运营手段的指引，场景不仅带来了一种连接方式，更是创造新价值的一种方式。在场景化思维之下，商业竞争已经不再是简单的流量争夺，而是场景的争夺，谁拥有了场景就等于拥有了市场。

为了有效地服务农民的生产生活场景，建行人对农民群体的需求进行了深入的分析调研。对农民来说，"安居乐业，生活富裕"是他们的核心诉求。一方面，农民渴望有稳定并逐步增长的收入来源，希望农产品不愁卖；另一方面，农民希望他们的日常生活能够像城里人一样更加便利。然而长久以来，农民办个基本的业务可能也要坐个半天的车，办事难、缴费难、看病难等问题严重影响着农民生活的幸福感和满足感。因此"裕农通"平台在运营过程中，聚焦农村生活"高频""刚需"场景，解决农村获取便捷"金融+非金融"服务的难题，农民在手机上就可以办贷款、买农资、卖产品，使"裕农通"平台真正成为农民离不开的"新农具"。在乡村治理领域，"裕农通"平台借科技之力打通传统乡村治理的堵点，通过连接智慧政务、三资管理、阳光村务等平台，极大地提高了乡村治理水平。对于涉农企业来说，如何解决生产过程中信息不对称的问题是产业链能够充分发挥优势的关键，"裕农通"平台有效打通了信息传递的渠道，各类农资农机租售、农副产品批零、农技服务、特色乡村旅游等行业的企业供给信息以及涉农需求信息都能够通过"裕农通"平台对外发布，使供需双方可以随时"面对面"交流，提高效率、促成交易，助力涉农企业快速高效运转。

以社保服务为例，建设银行在服务人社部门、医保部门和乡村的过程中，发现农民在线下进行社保缴费时存在诸多痛点。如小一点的村子可能没有社保服务中心，就需要走很长时间的路途去镇上缴费，而且一般来说从缴费到资金划入国库，往往要经过3~4个月的时间，农民才能收到是否缴费成功的通知，中间经办环节存在很多风险隐患。通过"裕农通"平台，农民足不出村就能在线上渠道实现缴费，而且马上就能收到反馈结果。当前，建设银行不断升级社保服务，依托"裕农通"智慧助农终端部署全国电子社保卡签发及应用，提供电子社保卡领取、社保待遇资

格认证、失业保险待遇申领等众多社保类相关服务，建设银行也成为首家在农村普惠金融服务点提供人力和社会保障服务的银行。

"裕农通"平台还充分关注老年人、残疾人等特殊客户群体，助力推进农村公共服务便利化。残障人员办证流程烦琐，不仅给残障人员带来了诸多不便，也影响了政务服务大厅的工作效率。为了帮助这一群体，建设银行与残联和政府部门进行探讨梳理，对办理残疾证的业务流程进行优化再造，通过科技手段将年审申请、政府审核、残疾人领证等环节全部迁移至线上渠道，偏远乡村的残障人员可到当地建行"裕农通"服务点或"裕农通"公众号上传申领残疾证资料，待政府返回预审结果后，到指定鉴定医院鉴定并回传结果即可，原本在线下需要耗时1~3个月不等的残疾证年审事项，现在在线上渠道办理，只需不到10天就可以完成。

借力于渠道变革，"裕农通"服务点和服务平台让一些原本无法辐射到农村的服务场景通过更广泛的方式被引入农村地区，尤其是很多非金融需求在"裕农通"服务点得以满足，使更多农民需要的便利服务真正触达农村地区，极大增强了农民对"裕农通"平台的使用黏性，实现了为金融服务引流，也让"裕农通"平台真正成为建设银行有效打通乡村"最后一公里"的重要抓手。

三、渠道变革实现数据沉淀，推动农村信用体系建设

产业是乡村发展的命脉，产业振兴是乡村振兴的关键，是解决农村一切问题的前提，金融服务乡村振兴最重要的就是要助力产业兴旺。农村信用体系建设是现代农村经济发展的基石，是金融助力产业兴旺最迫切需要解决的问题。一直以来，国有大行并非不想服务农村客户，而是传统金融对农村征信难，金融服务存在风险大、成本高的问题，导致农民难以获得金融机构的信贷支持，"融资难、融资贵、融资慢"始终困扰着"三农"发展。以家庭农场、专业合作社、种植养殖农户为代表的新型农业经营主体是推进农业现代化的生力军，然而当他们需要找银行融资的时候，传统的金融评估模式对他们却并不友好，难以获得经营所需资金。

通过"裕农通"平台，建设银行成为了广大农民最信赖的伙伴，如何能进一步发挥"裕农通"平台的渠道变革优势，助力农村信用体系建设，进而真正将金融资源融入乡村产业发展，是建设银行破局农村金融市场的关键。建设银行基于"裕农通"平台，创新"金融科技+大数据"模式。一方面依托农民在"裕农通"平台上沉淀的多维数据，另一方面通过与政府、农险公司、农业龙头企业加强数据共享，

构建农村信用体系模型，批量化、模型化地驱动农户贷款投放，让农民可以在几秒钟内从建行的"裕农通"贷到款。

例如，建设银行运用卫星遥感"黑科技"打造"裕农快贷"产品，通过观测卫星的动态，随时获取不同光谱波段下农作物的卫星遥感影像等信息，并及时测算种植产量和价值，为农户贷前评估及贷后管理提供数据支撑，从而为农户提供贷款额度与合理的还款周期。在科技的支持下，让原本在银行没有任何数据信息的农民有了信用，只要通过"裕农通"平台就可以实现线上"秒贷"。

> **小看板**
>
> 裕农快贷：建设银行依托"金融科技+涉农大数据"模式打造的全流程线上农户生产经营贷款，可随借随还，提供多种贷款模式。

"借钱不难，用钱不贵"，是农民对金融服务最质朴的盼望。建设银行依托"裕农通"平台，结合各地资源禀赋，以科技发展为切口，以渠道变革为触手，打通农业产业链条发展痛点、堵点，有效缓解了传统金融业务模式触达困难、成本太高的难题。

结尾

商业银行渠道变革不是简单的从线下搬到线上，从网点变成平台，其背后的经营逻辑是在平台建设的基础上，以场景化思维运营平台提升客户对平台的使用黏性，并基于数据为客户提供更丰富的金融产品和服务，从而破解传统渠道无法触达及成本太高的痛点，真正提升金融服务水平。

当前，随着金融科技的全面赋能，在渠道变革的推动之下，"裕农通"服务点几乎覆盖了全国大部分的乡镇及行政村，"裕农通"已经成为广受农民欢迎的金融服务品牌之一。也正是通过"裕农通"，让越来越多的农民群体不再觉得金融高不可攀，正在不断认识金融、相信金融、使用金融、热爱金融。

> **? 思考题**
>
> 1. 在渠道变革的过程中,如何平衡非金融服务和金融服务,如何在成本可控的前提下使非金融服务为金融服务引流?
> 2. "裕农通"利用大数据等手段破解农村征信难题,如何在过程中防范风险,如何确保流程符合数据伦理?

重塑需求理解 "智"治乡村治理
——智慧村务综合服务平台案例

◎作者：吴祎博

案例摘要：乡村振兴，治理有效是基础。为了充分发挥信息化对乡村振兴的驱动赋能作用，全面推进信息进村入户，中共中央办公厅、国务院办公厅印发的《数字乡村发展战略纲要》中要求加快乡村信息基础设施建设，鼓励开发适应"三农"特点的信息终端、技术产品，推进乡村治理能力现代化，推动党务、村务、财务网上公开。建设银行依托金融科技优势，以农村村务、政务、民生管理为核心，通过五步需求调研法，分析理解村务管理的痛点难点，深刻把握村务工作的内核与逻辑，开发智慧村务综合服务平台，有效提升农村基层政府信息化管理能力，为构建乡村数字治理新体系贡献力量，为乡村振兴注入强大动力。

关键词：乡村振兴；金融科技；智慧村务

> **学习目标**
>
> ▶ 了解金融科技人员在开发平台过程中如何理解需求，通过功能搭建有效助力战略落地与业务发展。

引言

实施乡村振兴战略是全面建设社会主义现代化国家的重大历史任务，是新时代"三农"工作的总抓手。党的二十大对全面推进乡村振兴作出了重要部署，提出加快建设农业强国，扎实推动乡村产业、人才、文化、生态、组织振兴。作为乡村振兴的重要基石，组织振兴涉及农村基层党组织、农村专业合作经济组织、社会组织和村民自治组织，是新时代党领导农业农村工作的重大任务。而村务作为农村基层党组织与基层群众连接的"神经末梢"，是村民感受乡村振兴最为直接的"微观体感"。让村务"晒"在阳光下，让农民群众利用信息化手段充分参与监督，融入基层治理，通过数字化技术助力村务管理公开化、便捷化、智能化，让数字流、资金流、技术流等汇集农村，已然成为组织振兴的关键要素。

> **小看板**
>
> 村务，是指村级事务，一般包括村级规划、生产指导管理制度、脱贫致富、土地承包、耕地保护、财务管理、村级换届、计划生育、美丽乡村、治安管理、调解纠纷、民兵组织、关爱老人、妇女组织、公告公示、征兵工作、救灾救助、事务公开、村规民约、文书档案等。

传统模式下村务管理信息化程度较低，村务管理主要以线下为主，村务办理流程烦琐、周期长、重要纸质资料保存不便，极大限度地限制了村务处理的效率。村务公开普遍存在着时间不及时、内容不全面、程序不严格、结果不透明等诸多问题，村民参与村务的积极性、主动性受到限制，不利于村党支部委员会和村民委员会了解实情，及时维护村民正当权利，对乡村社会稳定和谐、乡村经济持续发展造成不利影响。

建设银行深入贯彻落实乡村振兴战略，依托金融科技建设了智慧村务综合服务平台，延伸了县域金融服务半径，提升了品牌影响力。智慧村务综合服务平台是以农村村务、政务、民生管理为核心，以村党支部、村干部、村民多角度服务为理念，采用标准化流程创建的便捷为民服务信息化平台。平台以人口管理和"三务"

公开为核心，实现了基层政府的人口信息公开化和管理数字化，有效保障村民的知情权。通过村名片、村长信箱、民情分诊、一村一品、投票管理和活动管理等特色服务，有效激发村民参与活动的积极性与热情，并促进村务活动形式的多样化开展（见图1）。

图1 智慧村务综合服务平台

村务信息化建设并非传统金融业务领域，而市场中也缺乏专门针对村务管理的平台工具作为参考，开发团队对村务的需求与业务逻辑也并不熟悉。村务平台究竟该如何设计开发？村务管理有哪些痛点和需求？怎样才能开发出一款真正解决村务管理问题的系统平台？在初始阶段，这些疑问一直萦绕在开发人员的脑海中。懂农村、懂村务、懂农民才能真正开发出切实解决智慧村务需求的平台，开发团队自行总结了实地观察、市场对比、典型调查、流程分析、运营研究五步需求调研法，分析理解村务管理的痛点难点，为平台建设提供了有力的支持。

一、实地观察识别需求痛点

识别需求痛点是开发团队助力解决乡村治理的第一步，也是最关键的一步，平台开发首先需要明确用户遇到了哪些问题，即用户痛点。开发团队通过驻行跟岗，到有开发需求的分行，与分行业务人员实地调研，走进农村，看到了村务管理的真实处境。

在开发团队来到村委会考察村务事务管理的过程中发现，村委对村内的事务管理仍停留在事务审批靠"打印+签字"的阶段，办理流程极为繁杂，开发团队调研期间正值每年的学校报道季，村民为孩子开具关系证明时，线下办理流程繁杂的矛盾尤为明显，很多村民心生怨言。在与村民拉家常的过程中他们还发现，很多村民对关键的村务信息尤为关心，特别是低保户的公示情况，而传统的村务事务仍以线下为主，村民错过公示期后查无可查，村支书公示痕迹无法印证。久而久之，村民对村务的公开情况心有怀疑，越级上访、群体申诉等非制度化政治参与的情况时有发生。想要获得新时代下乡村振兴发展的新动能，推动数字化与乡村治理深度融合已是必选项。

开发团队经过一段时间的驻行实地调研，发现了村务管理不仅是"上线"这么简单，更重要的是要理解村务管理中村民真正的需求，在效率、透明等表面需求的背后，蕴含的往往是对公平、正义的期盼。因此，在设计平台时，必须要挖掘事物的深层次原因，从根本上寻找解决问题的方法和路径。

二、市场对比了解同业情况

在了解用户痛点后，市场中的同业竞品也是影响平台开发方向的重要考量要素。对于银行陌生领域的平台开发，亟须了解行业是否有标准、是否存在与同业竞品的差异化竞争机会。开发团队通过调研搜索、与村委实际沟通等途径发现，在同业中缺乏专门针对村务管理类的平台工具，功能目标相近的平台产品较为缺乏。村务管理需求亟须填补而市场存在空白，这虽然给业务部门和开发团队打了一针"强心剂"，但是缺少竞品也意味着缺少可借鉴的经验，有些可以绕开的前人走过的"坑"必须自己迈过去。更重要的是，在市场竞争激烈的今天，如果某一领域无人问津，很有可能是这个领域无利可图，或者这个领域风险巨大。因此，团队围绕这些问题开展了一系列研究，对业务的可持续性做了深度评估。

三、典型调查解决重点需求

开发团队在某分行实地调研过程中发现，在传统"三务"管理的情况下"小官大贪"的"小蛀虫"时有出现。以该分行所在的省为例，在纪监委针对某村村民上访，调查未按要求公开乡村振兴项目资金的情况时，深挖彻查发现了该村党支部原书记利用职务便利套取养殖项目款80万元，乡村贪腐问题不能小视。

开发团队意识到，平台如能助力对小微权利的"公开体检"，对于政府做好乡村治理至关重要。乡村事务纷繁复杂、千头万绪，公共教育、医疗卫生、社会保障等资源又在加快向农村倾斜,这就需要依托一个标准统一、数据统一、监管统一的智慧村务平台作为乡村治理的有效工具,让农村事务的各个环节在"阳光"下运行。围绕着村务"应公开尽公开"的核心诉求,开发团队联合业务部门认真梳理,根据《中国共产党党务公开条例(试行)》《中华人民共和国村民委员会组织法》《农村集体经济组织财务公开规定》等法律法规和制度规定,规范了村级"三务"公开标准,强化了平台"三务"公开录入条件,保证了除基础数据录入外,党务公开有会议记录、村务公开有原始记录、财务公开有收支凭证,真正助力了"三务"公开的规范与透明。对于群众有反应和诉求的事项,在尊重历史原因与客观事实的前提下,公开时限可向前追溯,尽量满足农民群众对"三务"公开的需求。

村务作为政府基层治理的"末梢神经",如何设计"搭桥",将末端"血液"有效传导至上级政府?开发团队围绕关键痛点,以"注重协同贯穿,实现同频共振"为出发点对平台功能升级,进一步打通了省、市、县、乡、村五级用户管理员,一级抓一级,实现监管的同频共振。以该省为例,纵向上,省纪委监委管理员可查看并监督全省"阳光三务"公开落实情况;省委组织部、省民政厅、省农业农村厅管理员可查看并监管全省各自领域公开事项落实情况;市、县、乡三级纪委及职能部门均可查看并监督监管本地区本领域落实情况。横向上,对于职责内问题,明确各地区各部门发现问题线索要及时向同级纪委监委移送;对于职责外问题,明确各级组织、民政、农业农村部门各司其职,建立健全与同级纪委监委协商会商、线索移交和联合检查等机制,不断推动靶向治理、综合治理和源头治理。

通过农村集体经济组织的资产、资金、资源等基本台账与监管经营、惠农补贴发放政策与动态、村民意见建议等在智慧村务平台上直观呈现,进一步完善村务公开制度,算清了村里多年的"糊涂账",揪出了一些"小蛀虫",畅通了党群沟通渠道。为小微权利运行进行"公开体检",成为了智慧村务综合服务平台的一大特点,也成为了建设银行做好乡村金融服务的一大利器。

四、流程分析确定细化功能

细化功能需要开发人员充分理解系统的业务边界、业务功能和业务流程,不断进行功能分解,把复杂的、较大的功能分解为颗粒度较小的功能,直至不可再分。

村务管理流程较为复杂,需要细化拆解每个功能项下的子功能、穷尽办理的所有流程,才能有效实现村务办理的线上化过程。为此,开发团队代入村务管理视角，围绕着两个困扰村务处理的核心需求逐一突破：一是针对人口管理功能的需求落地，开发团队成员深入梳理需要采集的关键信息、电子档案规定制式、权限设置、电子信息处理等相关细节，确定了人口管理功能的必填选项、权限信息查询、新增、修改、删除、批量信息导入导出等相关子功能的实现和页面搭建。二是针对"三务"公开功能需求的落地，开发团队结合"三务"公开的事务流程和权限设置，围绕着"三务"信息获取用户的类型，清晰界定了"三务"发布对内、对外公开的权限；深入了解了村务工作者对"三务"审批的流程需要，设计了村务信息审核的状态显示、发布、驳回等处理操作。

在"三务"公开功能设计上，开发团队遇到了一个棘手的难题：究竟公开哪些"三务"事项呢？经过充分沟通与协调，结合地方政府村务管理的需求，进一步细化了针对党务、村（居）务、财务等公开基础目录，设定了公开事项分类、公开内容、公开时限等相关要求，完善基层政府对"三务"的信息化管理，村民通过平台"三务"公开模块实现公开监督，有效保障了村民对"三务"的知情权。

围绕平台如何助力强化干群互动、密切干群关系的核心诉求，开发团队穷尽了村务回复的全流程，将群众反馈点对点提交至乡级回复解决，并由县级跟踪回访，让群众有诉必回、有求必应，形成群众监督与干部回应经常化、互动化，有效缓解了村民越级上访、群体申诉等非制度化政治参与的难题，真正助力了基层治理能力的有效提升。

五、运营研究挖掘满足非功能需求

平台开发上线后，如何有效提升平台活跃度？开发团队在完成平台主体开发后，将思考的重点进一步放在了对运营的研究上。在开发团队驻村了解村务管理过程中，经常有村里的老人和儿童针对手机使用的一些基本功能寻求帮助，这也让开发团队深刻意识到，使用智慧村务平台的村民很多都是村里留守的老人和儿童，他们对数字化"新农具"的接受度比较低。数字乡村建设是一个长期、复杂的系统性工程。对于村里有不少农民群众不太熟悉智能手机操作的情况，开发团队意识到必须采取有效措施，弥合数字鸿沟，帮助更多农民群众使用智慧村务平台，享受数字时代的发展红利。

> **小看板**
>
> 数字鸿沟（digital gap），是指在全球数字化进程中，不同国家、地区、行业、企业、社区之间，由于对信息、网络技术的拥有程度、应用程度以及创新能力的差别而造成的信息落差及贫富进一步两极分化的趋势。

智慧村务平台渠道布放结合村民智能手机应用场景，将用户端的渠道布放拓展到PC、App、微信小程序、百度小程序、各地政务App等，进一步丰富了平台获取和使用的渠道，顺应农户使用习惯。同时，用户端页面设计做到清晰简洁，采用一级操作架构，确保界面通俗直观，操作简单易学，随时随地监督，随时随地办理（见图2）。

图2 智慧村务微信小程序版功能界面

结尾

如何理解金融科技平台开发过程中的需求？建设银行通过对智慧村务综合服务平台开发过程的提炼，总结出了五步调研法，找到了一条对理解需求、开发平台具有借鉴意义的流程：通过实地观察，有效识别需求痛点，找到开发起点和初衷；通过市场对比，了解同业情况，找到平台开发的定位与发力点；通过典型案例调查分析，找到平台开发解决的需求重点和营销重点；依托流程分析，找准平台开发的功能细化点；运营研究满足非功能需求，找到平台推广的关键要素。五步调研法通过多维度、多层次、多渠道的方式帮助平台开发团队理解陌生领域的需求，切实有效地提升了系统开发的科学性和有效性。

截至2022年底，全国37家一级分行签约并上线了92477个智慧村务综合服务平台，实现了省级覆盖率100%，地（市）级覆盖率88%，县（区）覆盖率59%，村级覆盖率15%。依托智慧村务综合服务平台，建设银行找到了加大金融支持乡村振兴力度的有效载体，打开了建设银行服务"三农"、助力乡村振兴的新格局。智慧村务综合服务平台的应用推广，实现了农村集体经济组织账户的开立，激活了"裕农通"服务点与"裕农通"智慧机具的布放运用，有效带动了县域存款、贷款业务发展，为农业、农村、农民提供了更多优质的金融服务。

? 思考题

1. 五步需求调研法是否有顺序要求，各个步骤能否同步进行？
2. 如何平衡重点需求和普通需求的资源投入，确保平台既有打动客户的核心功能，也有确保客户体验的基本功能？

技术微创新改善用户体验
——"农村产权交易平台"案例

◎作者：姜明睿

案例摘要：若想在激烈的市场竞争中取胜，企业必须开发出用户体验良好的产品，无论创建什么样的用户体验，其最大的挑战就是"比用户自己更准确地理解他们的需求"，帮助用户解决"必须要靠自己找到出路"的困境[①]。提到用户体验，我们可能想到的是"数码相机颠覆了传统的胶片相机，为用户提供性能更稳定、操作更容易的摄影体验；淘宝颠覆了传统零售业，为用户提供足不出户的便捷消费体验"等，这些都是颠覆性创新的结果，要么开辟了一片全新的市场，要么给现有体验提供了一个更简单、更便宜的替代品，它们就像时代浪潮中的弄潮儿，凤毛麟角，不是每个企业都有机会参与。因此，以提升用户体验为核心的微创新作为基于互联网经济迅速发展趋势而兴起的另一种创新模式，成为企业在提质增效、完善治理、成功转型等方面的重要抓手。如今，在互联网金融和金融脱媒的冲击下，我国商业银行面对着客户资源外溢、市场份额被挤压、竞争力被削弱等一系列严峻考验，微创新成为商业银行适应互联网时代的必然选择。[②]相较于既拥有微创新的锐意视角、又具备海量用户数据和用户使用记录等数据库的互联网企业，传统商业银行因为体制机制等因素影响，存在微创新困境。然而随着金融科技战略导向逐渐明确，商业银行开始将微创新应用到金融科技中，即通过对金融科技思维、金融产品功能和金融服务框架这三个维度进行渐进性创新，也可以称之为技术微创新。本案例以建设银行的"农村产权交易平台"为例，为金融企业在进行技术微创新的过程中提供可复制借鉴的思路，更在战略维度上提供改善用户体验的生动案例。

关键词：技术微创新；农村产权交易平台；金融科技

---

① 加瑞特. 用户体验要素——以用户为中心的产品设计（第2版）[M]. 北京：机械工业出版社，2011：33.

② 乔海曙，孙涛. 互联网条件下的商业银行"微创新"[J]. 理论探索，2016（5）：89-94.

学习目标

> 了解如何通过技术微创新改善用户体验的案例。

引言

创新就要"跳出盒子思考",这可能是长期以来造成企业创新困境的传统观念,企业在进行创新时,会选择通过发散思维,甚至参考与自身产品无关的事物,直至找到解决办法。事实上,在不确定的竞争环境中,竞争对手的无界性、竞争手段的多维性和竞争格局的多变性都会显著降低周密组织计划的效用,因此,技术创新的速度、周期、频率等成为企业面临的巨大挑战[1]。乔布斯最早提出了微创新的理念,"The world changes because of your small wonderful innovation",苹果公司不断地改进用户体验,并将更多的用户拉进苹果公司的生态圈中,这是微创新的典型成功案例。之后,德鲁·博迪和雅各布·戈登堡通过《微创新》[2]一书将理念转化为可付诸行动的方法论。尽管大家始终对微创新是将同质化竞争作为不断产品优化的土壤还是当作低门槛抄袭的温床,以及微创新能否应对颠覆性创新带来的冲击等问题倍加关注,但众多企业、创业者、互联网企业的成功实践都证明了微创新不失为一种改善用户体验的有效战略。

建设银行作为非传统"农字号"国有商业银行,起初在农村地区经营表现相对一般。但是在乡村振兴的大背景下,农村产权交易市场的发展和农村产权交易平台的建设越发得到政府的高度重视,建设银行体现大行担当,积极探索"农村产权交易平台"的创新研发。目前,全国很多地区都已经设有农村产权交易平台,但仍存在同质化程度高、交易热度较低、评估担保等配套服务不完善、各地分散数据不集中、资金监管风险高、农村产权流转交易市场各参与方的显性需求未解决和隐形需求未挖掘等一系列问题。面临这些共性问题,诸多市场主体已做过大量尝试和试错。建设银行将技术微创新应用于金融科技,创新研发"农村产权交易平台"。

---

[1] 胡丹丹,杨忠. 微创新:基于不确定性竞争环境的创新新范式[J]. 社会科学,2018(11):41-48.
[2] 德鲁·博迪,雅各布·戈登堡. 微创新——5种微小改变创造伟大产品[M]. 北京:中信出版社,2014.

> **小看板**
>
> 1991年，马奇将技术创新分为两大类，即现有技术开发和新技术的探索。1997年，克里斯坦森区分基础技术为延续性技术与破坏性技术，并依此提炼出应用创新的两大基本类型，即渐进性或改进创新与突破性或完全创新。技术微创新属于渐进—延续性创新，指对已有技术进行应用性改进或开发新技术，一般由于现有技术的不足，借助外界的知识、信息和技术，不断改进原有技术，累积技术进步，以达到不断提升现有技术水平、解决实际技术困境的目的。从现有的实践来看，技术微创新一般具有单点突破、多方参与、渐进性等特征。

一、"农村产权交易平台"的框架内思考

"框架内的思考"法则[1]要求企业在进行技术微创新时要向内看而非向外看，通过摒弃一些无关要素，把问题的范围缩小至问题的核心，限制我们的关注点，从而推动整个技术创新朝着一个未知区域前进，在有限的可能性中寻找到答案。

首先，清晰定义所要研究的问题。通过对农村产权进行界定，了解农村产权交易平台的基本开发需求和现实痛点问题是什么。农村产权涉及农村地区各种资产或财产的产权，包括农村土地产权、农民住宅、各种农村动产和知识产权等。起初，由于缺乏有效的平台支撑，农村产权交易市场以手工、线下方式为主，总体发展不平衡，其设立、运行、监管有待规范，加之相应的评估担保等配套服务不够完善，农村产权流转难、评估难、担保难、融资难、处置难的现象比较突出。各地分散探索农村产权交易平台，导致数据不集中，各级标准有差异，无法驱动产业化规模化经营，无法释放土地价值。同时，交易未实现全流程电子化，保证金管理仍采用线下模式，与业务交易平台脱离，存在资金监管风险、投标人信息外泄等风险，且退换不及时易导致占用投标人资金等问题。

其次，不断聚焦至问题的核心。在了解基本开发需求和痛点的基础上，将关注

---

[1] 雅各布·戈登堡. 在"框架内"创新[J]. 北大商业评论，2014（8）：66-75.

点逐步聚焦在如何解决农村产权交易需求端、供给端以及平台端等多方痛点这个核心上。2008年，成都农村产权交易所的成立是农村产权交易从无形市场向有形市场过渡的重要标志，意味着市场秩序开始由无序走向有序。十多年间，全国农村产权交易中心相继成立，并通过互联网平台将农村集体资产产权交易信息、市场价格波动信息、资产流转主体及市场监管主体等业务主体连接，可见，农业产业化和信息化服务已初见雏形，但其所使用的网络平台质量参差不齐、鱼龙混杂，更有甚者将电商平台代码稍作修改就拿来作为农村集体资产产权交易平台，而电商平台和农村产权交易平台不论是从交易流程还是产品属性来说都有着本质的区别。因此，如何建立一个科技创新、数据驱动、结构更优、可持续性更好的农村产权交易平台成为各地不断探索的领域。

最后，技术微创新不是要放弃全部的固有性，而是对固有性进行局部改良，从而获得一个全新的概念或技术。2021年，建设银行"农村产权交易平台"成功上线。通过对现有的"农村产权交易平台"进行框架内思考，真正实现了将服务和制度保障提供给各类农村产权流转交易主体，主要包括农户、农民合作社、农村集体经济组织、涉农企业等，同时支持省、市、县（区）、乡（镇）四级联动管理，将服务延伸至基层，涵盖农村产权政策规定的八类交易品种，并支持品种的扩展。"农村产权交易平台"逐步将目光聚焦于创新平台的部署灵活性、可扩展性和复杂度的可控性等方面的提升，比如，平台覆盖信息发布、交易撮合、成交签约、交易鉴证等产权交易业务全流程，提供保证金管理等金融服务，并支持多种交易方式。由此可见，"农村产权交易平台"就是在原有的交易主体、交易品种、交易流程、交易方式的基础上进行局部创新，且创新的核心就在于将传统的线下农村产权交易搬至线上进行。那么，"农村产权交易平台"的技术微创新是如何体现的呢？平台通过在PC端和移动端为用户提供丰富的、便捷的金融服务，大幅度改善用户体验。

（一）产权交易门户网站

产权交易门户实现各类交易相关咨询的汇聚，为供需双方带来便捷的同时，有效打破信息不对称，提升农村产权交易撮合的效率（见图1）。

图1 产权交易门户网站

（二）产权交易管理端

产权交易业务管理：提供从项目登记、审核发布到项目成交、结算、出具鉴证等全流程信息化服务，提升产权交易业务规范化、标准化水平。

电子竞价：用户通过门户接入电子竞价，报名审核通过后可参与在线竞价出价。

竞价管理：支持正向竞价、反向竞价、一次性密封式报价等多种竞价方式，可按需灵活配置。

金融服务：保证金管理、支付结算。

统计分析：建立统计分析指标体系，综合运用图表等多种可视化形式实现对产权交易的分析，支持对异常交易情况进行预警；提供数据驾驶舱，方便监管部门全局获取交易数据，为交易评估、政府决策等提供有力数据支撑（见图2）。

图2　产权交易管理端

（三）产权交易移动端

平台移动端有效地聚合了信息汇集内容，实现了利用手机等移动设备浏览新闻动态、最新项目、政策法规、通知公告等资讯内容，并可以查询挂牌项目信息、查询项目进度状态、参与交易过程等（见图3）。

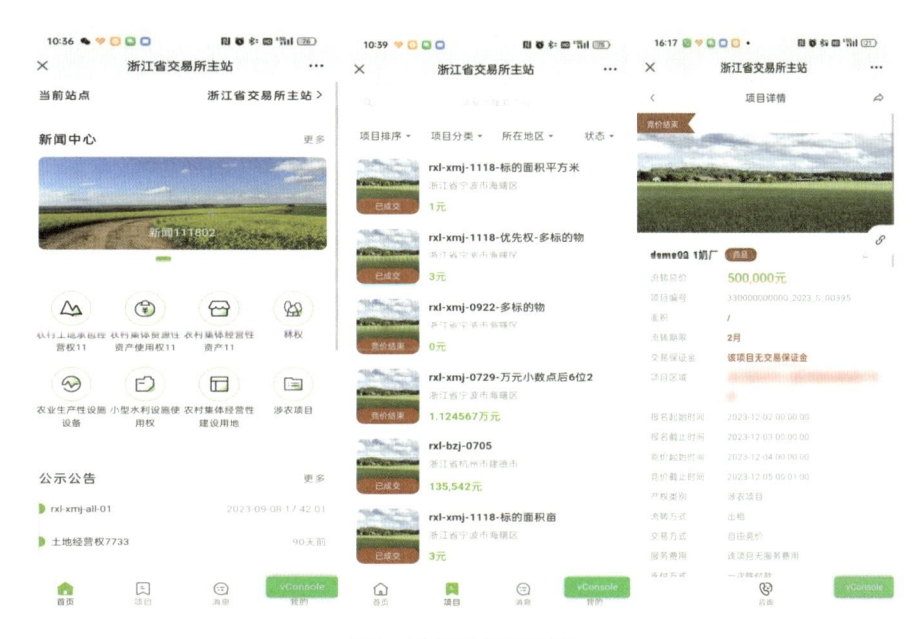

图3　产权交易移动端

二、"农村产权交易平台"的技术微创新实践

在银行自身寻求发展突破的当下，技术微创新为商业银行的集约化发展提供了重要思路。以量的积累催生质的飞跃，商业银行将技术微创新应用于金融科技，主要从金融科技思维、金融产品功能以及金融服务框架三个维度改善用户体验。

（一）技术微创新是商业银行金融科技思维的创新

商业银行金融科技思维的创新是指商业银行在充分应用金融科技的基础上，注重微创新的价值规律，强调合理运用互联网思维、逻辑、价值理念及运营方法，着力将科技应用在关键或核心流程，构建有效的组织运行机制，并以有序的管理、优良的产品服务质量打入市场，最终通过全新的价值创造来提升用户体验。

建设银行"农村产权交易平台"就是在互联网思维的推动下，聚焦农村产权交易平台各参与方在农村产权交易的关键流程，将技术微创新应用在核心问题上，为用户创造全新体验。农村产权交易的核心在于确保交易的阳光、透明和规范，因此平台构建了统一的信息发布、交易规则、交易鉴证、评估机制和交易监管的运行机制。对于农村产权交易的交易主体而言，平台的撮合功能可以有效实现资源共享、优势互补、协同发展，激活农村生产要素市场，提高农民收入，提升农村产权交易活化能力。在壮大集体经济发展，助力乡村振兴方面，平台通过提供金融、评估等综合服务，有效促进产权交易活跃度。最后，在防止村级腐败，提升政府决策能力方面，平台支持政府对数据进行实时掌握。

（二）技术微创新是商业银行金融产品功能的创新

商业银行金融产品功能的创新是指商业银行以满足用户显性和隐性的金融需求为目标，将产品功能模块化，并通过创新使每个模块功能达到极致。技术微创新可以使产品功能设计方案更加多样化，以此更好地应对用户需求的不确定性，比如，智能手机的不断推陈出新，就得益于大规模的、存在于各个环节的技术微创新。

建设银行"农村产权交易平台"就是通过将功能模块化实现了技术微创新。从产权交易的全流程的功能设计上，平台通过提供从项目登记、审核发布到项目成交、结算、出具鉴证等全流程信息化服务，有效提升产权交易业务规范化、标准化水平。在具体的功能模块中，"农村产权交易平台"将功能主要分为保证金管理、电子竞价、嵌入支付结算等金融服务、银农直联（农户与银行打通结算）等模块，

并对每个模块进行技术微创新，有效消除传统交易方式的弊端，有利于更好发现农村产权价值，实现了交易明细在线查询、轻松查账、项目价款结算、轻松对账，省时省力。比如，在"银农直联"模块中，通过平台实现了线上资金支付申请、审核，将村级经济组织账户与银行业务系统对接，实现了农村资金支出和银行系统直联，加强村级资金流向监管，达到科学规范村级财务管理的目的。技术微创新帮助商业银行金融产品功能的设计更加具有针对性。

（三）技术微创新是商业银行金融服务框架的创新

商业银行金融服务框架内的创新是指在商业银行现有资源和机制的框架内，以减法策略、除法策略、乘法策略、任务统筹策略和属性依存策略为引导，破除思维"结构性固着"，以细微的改变获得重大突破，即从问题本身出发，缩短选择半径，在有限的可能性中紧抓"牛鼻子"。[1]

建设银行"农村产权交易平台"在传统金融服务的框架内进行技术微创新，结合自身的金融科技优势和战略定位，不仅满足了农村产权交易的基础需求和金融需求，更实现了框架外的多方面突破，显著提升用户体验。一方面，建设银行最大化运用其金融优势，帮助用户实现便捷的支付结算和安全可靠的保证金管理。另一方面，安全是良好的用户体验的前提，"农村产权交易平台"通过身份认证策略、访问控制策略、敏感信息加密策略、移动端安全策略、基础设置策略、安全监控策略、数据安全策略保证用户身份和访问、交易过程、敏感数据、客户端等应用安全和数据安全，同时，在业务逻辑实现过程中规避可能存在的安全风险和常见误区，实现业务过程安全稳健。以此同时，如果不同地域的用户可以体验本地特色化金融服务，将会显著改善用户体验，"农村产权交易平台"综合不同地域的业务特征推出三套解决方案：一是标准版1+N+X方案，即总行提供"农村产权交易服务平台"的建行标准版本，各家分行可基于标准版本开发特色业务，满足本地特色需求；二是银农直连方案，即分行如使用自采第三方版本，保证金管理需改造适配为建行银农直联方案；三是生态推广方案，即支持分行推广建行产权交易平台标准版+土地流转平台+土地金融综合方案。最后，"农村产权交易平台"进行多模块设计，平

---

[1] 德鲁·博迪，雅各布·戈登堡. 微创新——5种微小改变创造伟大产品[M]. 北京：中信出版社，2014.

台移动端有效聚合信息、汇集内容，用户利用手机等移动设备就可浏览新闻动态、最新项目、政策法规、通知公告等资讯内容，并可以查询挂牌项目信息、查询项目进度状态、参与交易过程等。

> **小看板**
>
> 安全策略是一组用于保护网络的规则。为了对进出网络的访问行为进行控制，保护特定网络免受"不信任"网络的攻击，同时允许两个网络之间进行合法通信，管理员可以在系统中配置安全策略。安全策略是设备的核心安全功能，它对通过设备的数据流进行检验，放行符合安全策略的合法流量，阻断非法流量，实现访问控制，保证网络安全。业务要求网络提供快速的连接，而日益活跃的网络犯罪威胁着业务的安全，管理和规划优质的安全策略不仅能够在性能和安全之间寻求平衡，而且可以为后续的管理和维护提供方便。

三、技术微创新改善用户体验的思考与启示

商业银行在激烈的市场竞争中面临着"逆水行舟，不进则退"的困境，同时"大船难掉头"的现状也限制着商业银行进行系统性创新的可能。[1]因此，技术微创新是商业银行对现有规模、地位、名誉、品牌等维护的最佳选择，也是拓展经营疆域、重新夺回经济金融发展"红利"的重要举措；从经济社会的角度来看，技术微创新不仅是深化经济金融改革的应有之义，更是商业银行适应互联网时代、提升用户体验的必然选择。微创新既不是大规模的、颠覆式的、革命性的创新，也不是改进式的、渐进性的创新，而是一种新的创新思路。

建设银行"农村产权交易平台"于2021年8月上线，截至2023年11月，已覆盖14个省（自治区）的105个区县，推广累计发布供应项目近3122个，成交项目1794个，项目总成交金额近9.47亿元。由此可见，金融赋能乡村振兴需要更多"微创

---

[1] 乔海曙，孙涛.互联网条件下的商业银行"微创新"[J].理论探索，2016（5）：89-94.

新"，尤其是在乡村振兴战略实施的背景下，摒弃传统的经营思维，依据产业发展目标、用户动态需求情况以及农业农村发展的趋势，以更贴近用户的方式，助力乡村市场的发展，增强农业发展活力。总而言之，微创新中的"技术微创新"为金融企业产品开发、平台升级、服务优化等创新建设提供了可借鉴的方法论，同时也为改善用户体验提供了一条可行路径。

结尾

技术微创新不是十年磨一剑的大创新，也不是一招鲜吃遍天，而是四两拨千斤的巧与妙。互联网行业已经开始普遍认可针对非常微小的用户需求以及用户需求的微小变化进行不断创新的理念，并创造了诸多经典成功案例，其微创新活动也已经不只是通过某种单一的模式开展，而是将微创新活动建立在基于功能、技术、定位、模式、外观、服务、渠道等多个层面，兼顾各方面的用户体验的持续改善，整合使用各种微创新模式。同时，微创新也将反复按照一定的步骤进行重复执行、开放操作、迭代升级，每次不是简单的循环复制、功能叠加，而是将创新活动始终置于一种开放协同的状态，通过充分利用已有的创新成果、紧紧追踪潜在的适用技术、细致分析用户需求等以实现持续创新，并通过规范化的步骤来加速微创新过程。商业银行只有将微创新理念和互联网思维深度融入用户体验的提升当中，并持续推动产品和服务的质效化发展进程，才能不断满足商业银行现代化发展需求，最终实现颠覆式创新和价值创造。

> **? 思考题**
> 1. 结合本案例，探讨技术微创新适应于哪些业务场景，不适用于哪些业务场景？
> 2. 如何区分颠覆性创新、渐进性创新与微创新？

"金融+"模式助守集体"钱袋子"
——农村集体三资监管平台案例

◎作者：吴祎博

案例摘要：近年来，随着我国农村集体资产总量的不断增加，农村集体资金、资产、资源已成为农村高质量发展和农民共同富裕的重要物质基础。农村集体资产产权不清晰、权责不明确、保护不严格等问题日益突出，影响了乡村振兴战略的顺利推进。为有效管理规模庞大的农村集体"三资"，进一步盘活农村集体资金、资产、资源，国家相关部门陆续出台了一系列关于加强农村集体资金、资产、资源管理的政策文件，要求实现农村集体"三资"的规范管理，鼓励建设农村集体"三资"的信息化管理平台。建设银行依托金融科技的力量，通过"金融+"模式，为各级政府提供了一套成熟的农村集体"三资"信息化管理解决方案，助力农村集体"三资"的阳光监管。

关键词：集体"三资"；信息化管理；监管

> **学习目标**
>
> ▷ 了解商业银行如何通过"金融+"模式有效切入政府管理。

引言

《中共中央 国务院关于做好二〇二二年全面推进乡村振兴重点工作的意见》明确提出，巩固提升农村集体产权制度改革成果，探索建立农村集体资产监督管理服务体系，探索新型农村集体经济发展路径。农村集体"三资"是发展农村经济、造福农民的重要抓手，农村集体"三资"管理的有效性对于巩固脱贫攻坚成果、推进乡村振兴具有重要意义。然而，由于"三资"运作不规范、监管不到位造成的集体"三资"流失，严重制约着乡村振兴的发展进程，影响着农民群众的切身利益。为推动农村集体"三资"规范化管理，切实保障农民群众合法权益，守好农村集体"三资"钱袋子，借助数字化手段增强农村集体"三资"信息化管理水平成为了重中之重。"三资"数字化管理与信息化监管不仅是政府监管部门与集体经济组织的痛点，也是建设银行加大金融支农力度、助力乡村振兴的共同诉求。

一、建立农村"三资"监管平台，解决监管难题

农村集体资金往来的多元化、资产利用的多样化、资源开发的产业化形势不断凸显，这对农村"三资"的监督管理工作提出了更新更高的要求。以信息化手段完善村级社会治理体系、加强集体"三资"监管与使用至关重要。源于商业银行对资金管理的天然优势，建设银行借助金融手段与技术工具解决"三资"监管难题，建立了农村集体"三资"监管平台。

农村集体"三资"监管平台是服务农村集体经济组织资金、资产、资源管理的平台，围绕农村资金、资产、资源进行穿透式管理，实现省市县乡村五级联动，涵盖各级农村经营管理的主要工作内容，实现"三资"监督、"三资"管理、"三资"公开。通过产权改革、资产资源管理、财务管理、统计监管等功能模块实现对集体经济组织资金、资产、资源的穿透式管理，旨在帮助集体经济组织提升信息化管理水平，协助各级农业农村部门、纪委监察部门等加强对农村集体"三资"的监管力度，推动农村集体资产管理制度化、规范化、信息化。

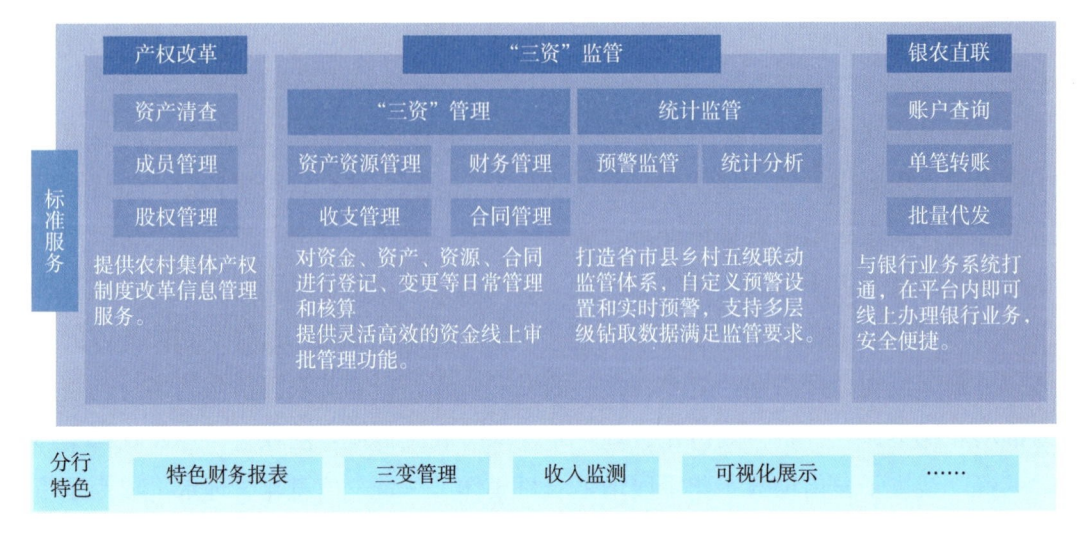

图1　农村集体"三资"监管平台

二、实地勘探"三资"难点，寻找破局之道

开发团队在接到农村集体"三资"监管平台的开发任务之后，并没有第一时间把注意力放在功能模块设计上。凭借多年行业经验，团队负责人深知一定要先找到市场痛点，而后找到金融和技术针对问题的切入点，方能有的放矢。因此，解决问题的前提是走进乡村、走进市场，做好扎实的产品需求调研，充分了解农村实际情况。开发团队在农村集体"三资"监管平台开发项目立项后做的第一件事就是把人"撒"出去，走到农民群众身边。从2019年初开始，开发团队先后走访了贵州、湖南、山东、广东等地的20多个乡镇，通过访谈、座谈等多种手段，找到了用户的核心痛点。

（一）监管缺手段

开发团队实地驻行，跟随分行项目组与当地"三资"监管部门开展座谈会。在座谈会上，开发团队充分认识到，"三资"监管涉及面非常广、项目多，既有现金的，又有实物财产的，还有资源性质的；既有可移动产，又有不动产；既有国家支农资金、各项补偿补助款，又有集体收入，还有筹资、捐资等，具有较强的复杂性、多样性，管理难度之大可想而知。

驻行所在地"三资"监管部门的负责人向开发团队反映，由于缺少有效的"三资"监管平台和手段，他们对"三资"情况的掌握存在着信息不对称的难题，很多时候涉农财政资金下沉监管受限，数据的缺失造成一定程度的资产流失与资源浪费，难以有效发现查处基层小微权力潜在的腐败问题。

（二）管理缺工具

随着城乡一体化发展和农村行政区划调整合并，农村集体资产的存量和结构发生了重大变化。通过实地走访村委，开发团队看到了一些地方由于管理体制不顺、制度不健全、管理不到位、村级事务程序不清、村级集体账务漏管等原因，农村集体资产存在家底不清、账实不符、产权不明、处置不当等问题，造成了农村集体资产流失，影响了农村集体经济健康发展，甚至在执行村（居）重大事务、重要工程、民主决策制度、村集体资金、资产、资源管理等重点领域还存在腐败现象。

为了更好地了解农村集体经济组织的管理现状，开发团队在跟岗观察、入村走访村民的过程中发现，因缺乏有效的管理工具，农村集体经济组织管理出现了集体资产摸不清、权属不清晰、经营不透明、操作不规范、控制不严格等问题；再加上大部分农村地区的"三资"管理人员业务水平较低，且缺少有效的信息化管理手段，使"三资"管理过程中经常会出现账实不符、入不敷出甚至是"三资"信息登记不准确等问题，亟须数字化平台完善"三资"管理线上流程，实现信息化管理。

（三）群众有诉求

产权制度改革后，众人合力将村集体经济这块"蛋糕"越做越大，让"村民"变"股民"、"资金"变"股金"、"资源"变"资产"，开创农村集体经济增收新模式。

开发团队发现，村民普遍对村集体的"三资"情况"心里没数"，数据、平台、渠道等缺失使"三资"不公开、不透明，了解集体资产难、参与民主决策难等问题制约着村民维护切身利益。

> **小看板**
>
> 农村集体产权制度改革，是针对农村集体资产产权归属不清晰、权责不明确、保护不严格等问题日益突出，侵蚀了农村集体所有制的基础，影响了农村社会的稳定，改革农村集体产权制度势在必行。
>
> 中央审议通过了有关农民股份合作和农村集体资产股份权能改革试点方案，标志着中国布局农村集体资产产权试点工作即将全面展开。试点的目标在于探索赋予农民更多财产权利，明晰产权归属，完善各项权能，激活农村各类生产要素潜能，建立符合市场经济要求的农村集体经济运营新机制。这是农村改革的一项重要顶层设计，是农村集体经济改革的重大制度创新。

（四）推广有空间

在实地走访20多个乡镇的过程中，开发团队发现大部分农村集体"三资"监管系统建设已经开始，但总体信息化水平偏低。对于未实现线上化的地区，部分地区缺乏信息化"三资"管理体系，村集体收支不公开不透明，在财政资金下沉过程中缺乏有效管理，资源浪费严重。对于部分地区已上线农村"三资"监管系统的，基本实现了对资金、资源和资产的统一管理，但未和银行业务系统打通，资金流和信息流无法统一归集并实现有效监管。各地建设缺少统一规划，存在多级联动能力弱、数据孤岛多等问题。调研情况让开发团队看到了平台推广应用的空间和巨大的潜力，更意识到以金融为基础，依托科技上线一个"适配"的农村集体"三资"管理平台的重要价值。

> **小看板**
>
> 数据孤岛就是数据间缺乏关联性，数据库彼此无法兼容。专业人士把数据孤岛分为物理性和逻辑性两种。物理性的数据孤岛指的是，数据在不同部门相互独立存储，独立维护，彼此间相互孤立，形成了物理上的孤岛。逻辑性的数据孤岛指的是，不同部门站在自己的角度对数据进行理解和定义，使一些相同的数据被赋予了不同的含义，无形中加大了跨部门数据合作的沟通成本。

三、"金融+"模式 敲开"三资"监管之门

针对上述问题，开发团队认为仅仅依靠传统的金融手段显然无法解决这些痛点问题，需要"跳出金融做金融"，针对"三资"监管面临的痛点难点，创新金融产品与服务。如何实现资源跨界整合，提高金融服务"三资"的质量效率，开发团队在与业务部门商讨过程中，找到了突破口，即"金融+"模式。在"金融+"模式下，金融机构可以与各行业进行深度融合，整合不同领域的资源，深入了解不同行业的需求，创新金融产品与服务模式，协同发展，实现互利共赢。

（一）"金融+科技"，让监管更有依据

如何解决监管部门的需求痛点？开发团队认真梳理"三资"监管的核心诉求，通过"金融+科技"的模式实现有效突破。监管部门首要关注的是平台安全问题，涉及一组组财务数据、一张张原始凭证、一串串身份证信息，在"三资"信息归集的过程中，安全与风险管控至关重要。为了解决客户最关心的"三资"账户安全问题，开发团队依托银行级安全策略与风控体系，以领先的技术规格有效保证资金交易安全性，保障产品稳定性和存续性，大幅提升基层政府对资金账户的监管能力。以金融科技为支撑，有效满足了"三资"监管安全需求，以"金融+科技"的模式筑牢安全底座，成功打消了农村集体经济组织和上级监管部门的疑虑。

在满足安全第一的原则下，开发团队进一步围绕监管部门的核心诉求，面向纪委、农委等相关主管部门设置开通权限，依托省、市、县、乡、村多级监管体系，

围绕农村资金、资产、资源，提供资产资源、财务运行、收支情况等多维度报表统计，支持个性化设置预警指标，实现动态监管预警，助力监管部门轻松了解农村集体"三资"情况。

（二）"金融+场景"，让管理更有工具

开发团队围绕着村集体财务人员的工作现状进一步开展调研，发现在传统资金管理模式下开展工作可谓困难重重。村集体财务人员需要到线下网点完成转账代发、账户查询、纸质单据管理、大额现金管理、支付行为监控、审批签字等，耗时费力不说，还要承担很大的风险。传统模式下的业务流程困扰着村集体财务人员，更不利于上级政府对村集体财务状况和资金使用情况的监管与分析。虽然市面上有部分地区已上线农村"三资"监管系统，但也仅仅局限于实现对资金、资源和资产的基本统一管理，并未和银行业务系统打通，在给村集体财务人员带来困扰的同时，也无法满足村集体对资金、资源和资产保值增值的金融需求。

在思考平台功能搭建的过程中，开发团队发现以"金融+场景"的模式，围绕着资产资源、财务管理、合同管理、收支管理、日常业务管理等农村集体经济组织的工作场景可以有效实现金融嵌入。通过"银农直联"功能，将农村集体三资监管平台与银行系统打通，线上办理银行业务，在线审批，打造村级资金非现金结算标准流程，有效保留记账凭证、合同等重要凭证，实现干部不经钱、会计不见钞、打击小金库、收支全留痕，可查询，可追溯，有效防止农村集体资产流失，促进农村集体"三资"的规范经营与保值增值。

怎样把农村集体经济组织的金融服务做深？开发团队在与业务部门座谈交流中发现了金融服务深化的契机：可以将农村集体三资监管平台与产权交易平台、智慧村务平台等进行业务场景的深度融合，面向村集体、涉农企业、农户、新型农业经营主体等提供包括信贷融资、资金结算等金融产品与服务，构建金融与非金融服务交汇融合的基层治理生态场景，进一步聚合客群，做活场景，做深服务。

（三）"金融+数据"，让政府和百姓心中有数

数据作为一种新型的生产要素，其重要价值毋庸置疑。开发团队深入思考数据该如何满足政府和百姓需求，又该如何将数据与金融连接，实现金融服务的下沉？

为有效打通监管数据孤岛，提升多级联动能力，农村集体三资监管平台实现了

"三资"数据的穿透式管理：依托平台系统能力搭建"五级联动监管体系"（见图2），打通了省、市、县、乡、村五级数据系统，并接入了产权交易平台、纪委网站、各级政府平台等，实现了数据与服务的有效衔接，提升了面向村民的数据公开能力。

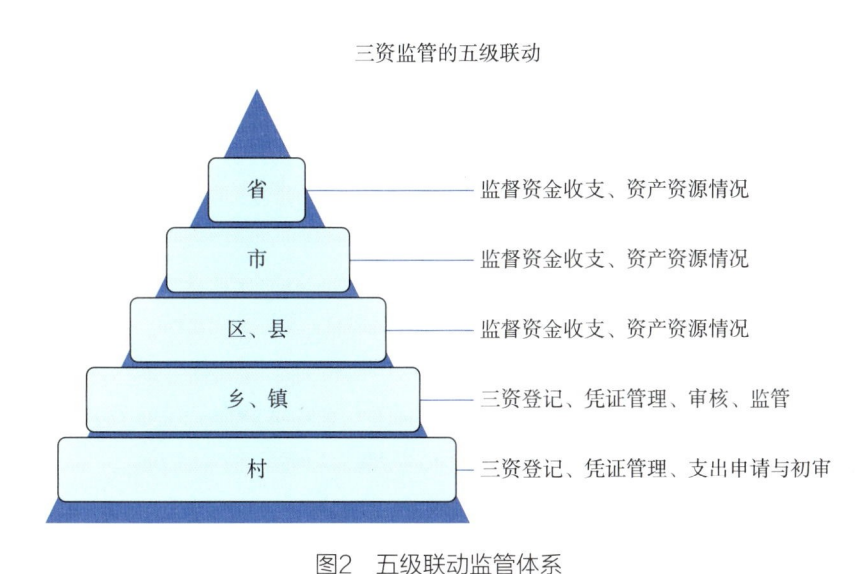

三资监管的五级联动

- 省 —— 监督资金收支、资产资源情况
- 市 —— 监督资金收支、资产资源情况
- 区、县 —— 监督资金收支、资产资源情况
- 乡、镇 —— 三资登记、凭证管理、审核、监管
- 村 —— 三资登记、凭证管理、支出申请与初审

图2　五级联动监管体系

"三资"业务流程的线上化与数据的穿透式管理实现了涉农数据的沉淀，这对于商业银行完善农村集体经济组织画像，建立健全农村信用评价体系具有重要意义，有效提升了商业银行对农村集体经济组织的信贷服务能力，以"金融+数据"的模式将金融活水引入田间地头。

结尾

"金融+"模式有效联动起各个场景，构建起无限互联、共生共荣的生态体系，提供了一套行之有效的解决问题之道。以金融为核心的"金融+"模式不断延展，助力解决更多问题，如解决小微、双创、扶贫、涉农等金融供给下沉问题的"金融+普惠"模式，如聚力挖潜扩容、满足人民日益增长的美好生活需要的"金融+消费"模式，如推动多层次养老保障体系建设、布局未来趋势的"金融+养老"模式。

农村集体三资监管平台在四川、黑龙江、宁波等26家一级分行的527个区县推广，覆盖了16544个农村集体经济组织，其中"银农直连"功能触发的交易金额达87.10亿元。农村集体三资监管平台的上线，持续深化了商业银行服务基层治理的业务场景；通过为农村集体经济组织开立账户，增强了农村集体经济组织使用支付结算、存款理财、信贷融资等产品的需求，实现了引流获客；涉农数据的沉淀完善了农村集体经济组织的用户画像，提升了银行为农村集体经济组织提供金融服务的能力，进一步健全农村地区信用评价体系，持续优化农村金融生态。

> **思考题**
>
> 1. 在面临新场景、新问题的情况下，商业银行如何利用"金融+"模式，整合更多内外部能力，形成解决问题的新方案？
> 2. 金融与数据结合的过程中，如何在合规获取数据的前提下，挖掘数据的更大价值？

以金融科技助力土地制度改革数字化
——土地三权分置相关平台搭建案例

◎作者：魏溥亭

案例摘要：2019年国家印发了《数字乡村发展战略纲要》，指出要用数字化手段建设数字乡村、实现乡村振兴。建设银行担负国有大行的责任与使命，借助金融科技优势从多个维度迭代，经过近4年的持续创新，开发上线了农村土地承包经营权流转以及土地托管等一系列相关平台。平台以市场需求为导向进行研发设计，实现了对土地流转交易的全流程覆盖，极大提升了政府办理土地流转交易的效率。平台自2019年上线以来，已为多地政府规范流转行为，有序利用土地资源提服务支持，有效推动了农村土地经营权有序、高效流转，体现了金融科技的价值，践行了普惠金融服务深入农村的理念，探索了新金融助力国家战略发展的新路径。

关键词：人工智能；物联网定位；国家土地制度改革数字化

学习目标

- 在科技支撑下，金融如何助力政府土地管理信息化改革。
- 金融科技赋能乡村治理、助力土地信息管理数字化的推进为金融机构带来的金融效益。

引言

党的十九大报告中首次提出乡村振兴战略，正式拉开了乡村振兴建设的序幕，乡村振兴也成为实现下一个百年目标的必经之路。为给乡村振兴装上数字"引擎"，弥合城乡"数字鸿沟"，形成乡村振兴新动能，更应该充分发挥信息化对乡村振兴的驱动作用，让数字技术赋能乡村振兴。

近年来，由于大量农村年轻劳动力向城市转移，留在农村的务农人口日趋老龄化，导致农村土地抛荒日趋严重，同时，农业劳动生产效率低，农民收入偏低，更突出的是，农村金融服务缺乏，土地价值无法释放，农业农村长期处于"贫血"状态。由此中央提出，要引导农村土地经营权有序流转，发展农业适度规模经营。中共中央、国务院印发的《乡村振兴战略规划（2018—2022年）》指出，要落实农村土地承包关系稳定并长久不变政策，衔接落实好第二轮土地承包到期后再延长30年的政策。要全面完成土地承包经营权确权登记颁证工作，完善农村承包地三权分置，建立农村产权交易平台，加强土地经营权流转和规模经营的管理服务。

> **小看板**
>
> 三权分置是指我国现阶段实行的土地所有权、承包权、经营权这三种权力的分置，土地经营权可以依法进行流转，对农村市场建设具有重要价值。

为了响应国家号召，解决三权分置政策推行过程中产生的问题，推进农村土地制度改革，建设银行担负国有大行的责任与使命，以新金融行动贯彻新发展理念，依托金融科技，完善土地流转平台的金融服务体系，助推建设银行涉农金融产品在市场普及，盘活农业资源。

一、深入调研以痛点驱动设计

（一）现有土地经营权流转平台的痛点

在国家提出要完善农村承包地三权分置制度，助力农业现代化，提高土地资源合理利用率，推进国家土地信息管理数字化的框架下，各地政府积极开展实行土地确权，深化土地承包经营权确权登记工作，建立农村土地经营权流转平台，加强土地经营权流转和规模经营的规范管理，但在实际推进过程中却存在诸多困难。例如，虽然很多地区建立了土地流转服务中心，但服务中心多为线下办理土地流转，没有系统支持；部分地区建立了农村产权交易平台，但土地流转仅为其中一项内容，功能单一且操作不便；部分土地经营权流转平台无法对接各地土地确权数据库，数据权威性不足。由于上述问题的存在，现有土地经营权流转平台无法有效满足土地有序流转的现实需求，严重影响了农村土地流转的成效。

（二）农村实行土地流转的难点

在农村土地流转的过程中，一方是农户，另一方多是种植大户、农业合作社、涉农企业等，农户是流转主体，但由于农户较为分散、不易集中管理，承包方多和村集体等第三方打交道，由此引发了两个方面的问题。一是土地流转缺乏实施细则，土地流转的客体是农户承包土地经营权，通过流转将农户手中的土地集中起来，由合作社或企业统一种植，实现农业的规模化产业化发展。但是农村具有较强的关系社会属性，土地流转往往没有正式的合同，仅有口头协议，合同双方的权利义务不清楚、不明晰，流转手续不规范，造成后期合同管理和争议解决的潜在风险。二是缺乏完善的土地流转系统，导致备案登记工作低效，由此可能导致违规行为，例如合作社在接手农户的土地经营权后改变土地用途等[①]。

（三）传统农村金融业务痛点

1. 征信系统不完整。和城市金融市场相比，长期以来，农村金融信贷业务规模相对较小，传统金融模式下的农村征信机制不完整，信用环境相对较差，金融机构难以真正了解农民资信情况，也无法正确评估其信用风险，金融机构在开展业务时更偏向大企业，农村用户长期被排斥在金融服务之外。

2. 金融服务成本较高。在传统金融服务模式下，农村金融业务高度依赖物理服务网点，但实体网点的配置不仅在场地、机具和人员等方面投入巨大，还需要专门

---

① 徐显岁，黄梦军. 基于金融的集体土地流转模式构建（下）[C]//中国房地产评估与经济2014年第3期（总第106期）. 永业行（湖北）土地房地产评估咨询有限公司，2014：5.

的技术维护和升级成本。

3. 风险控制能力不足。从结构上来说，农村地区大型企业相对较少，中小企业、民营企业相对较多，而这部分企业由于信息不对称问题较为突出，其生产经营不确定性因素很大，现有风控模式难以适应农村客群的风险特征。

4. 缺少数据支撑。农村数据信息彼此分割，尚未形成数据产生、数据整合、数据应用的完整金融科技基础链条。长期以来在农村市场中，农户缺乏征信、社保等数据，各类涉农数据分散、数据质量低、收集难度大，传统的现场数据采集、登门调查、手工录入等方式，导致数据更新效率低、周期长。

5. 金融机构提供产品和服务同质性较为严重。我国农村金融市场上与农村居民和农业经营实体的金融需求相匹配的产品和服务很少，农村金融机构金融服务主要以基本存取款、支付结算等为主。信贷支农主要以小额贷款为主，信贷产品相对单一、金额小、期限短，无法满足需求[①]。

二、金融科技打造金融服务乡村新模式

（一）土地流转平台搭建背景

2022年中央一号文件中特别强调推进农业生产规模化，大力发展社会化服务，鼓励区域性综合服务平台建设。在国家政策和社会痛点的双重驱动下，为了能够实现土地资源的合理利用，释放土地价值，建设银行通过金融科技技术搭建土地流转平台，加快国家土地制度改革数字化的推进。土地流转平台以农村承包土地经营权流转为核心，基于政府确权的土地权益，为政府、新型农业经营主体、农户等提供互联网线上服务。平台覆盖省市县乡各级的土地经营管理，为农业生产主体从事土地经营提供便捷的特色贷款产品。该系统承接了政府无法利用的土地数据，解决了农村土地流转效率低下的问题，实现了土地制度改革数字化。同时，在平台成功建立后，建设银行创新了安全性高的土地流转金融产品，盘活了土地资源，为政府和农户解决了国家要求的土地增收问题，建设银行也成功进入了一片业务的新蓝海。因此，平台实现了"政府+村集体+农户+银行+企业"多方满意的目标。

[①] 夏诗园，王刚，马少君. 金融科技助力乡村振兴的内在机理、"堵点"及路径选择［J］. 东方论坛——青岛大学学报（社会科学版），2022（5）：92-103.

（二）金融科技技术助力土地流转平台搭建

平台采用大数据、区块链、人工智能等科技手段，搭建数据模型，科学化、智能化地归集、联通和整合海量数据。平台的前端与国家土地确权数据对接对土地真实性进行校验，实现流转信息与确权登记信息的整合。全方位覆盖土地流转交易全流程，为政府各层级管理人员提供农村产权流转管理服务，主要功能包括承包土地经营权流转管理、土地经营权抵押管理、贷款推荐、产权司法服务、后台管理、监测预警、可视化数据展示及报表下载、电子证照管理、事项流程管理等。

1. 数据管理服务。助力数据收集、信用档案建立及风险监测，平台具备行政区划管理、政府指导价管理、合同管理等功能，全方位覆盖土地流转交易全流程，对接各地土地确权数据库，对流转的真实性和有效性进行校验，提高了办理土地流转的效率。

2. 区块链技术推进证照管理服务。在用户办理土地流转业务时经常需要打印相关的证照，土地流转平台采用了区块链技术，可以进行证照管理、权证查询、证照的打印，方便用户办理业务，同时保证了证照的防伪效果，信息更安全。

3. 大数据分析助力监管决策管理服务。平台具有强大的数据分析能力，可对收集的数据进行智能分析，为客户提供智能检测预警，方便客户对土地流转业务的监管及管理决策。

4. 人工智能辅助后台管理服务。平台用户可以根据自己的需求进行用户信息的设置、人脸识别，提高了系统的友好性，让平台的使用更便捷，同时也增加了安全性。

用户可以在平台上进行土地信息的查询，快速获取土地产权信息，并在平台上发布土地流转信息，进行流转备案和备案查询，解决了买方和卖方的信息不对称问题，降低了交易成本，打通了土地经营权流转交易的全流程，加速了土地流转业务的办理，真正实现了政府土地管理信息数字化。

为了达到土地流转平台的金融服务功能，平台主要依靠对农民土地的经营权进行抵押，嵌入了办理抵押登记、抵押备案、抵押注销，并进行抵押查询及合同管理，解决了涉农主体生产经营过程中交易难、抵押难、融资难的问题。平台强大的金融服务能力打通了土地经营权等农村产权流转交易全流程，在线对接裕农快贷、地押云贷等金融产品，实现了金融产品下乡，拓宽了用户抵押融资的渠道。

三、平台不断发展提供金融新服务

随着土地流转平台的落地使用，地押云贷、裕农快贷等金融产品也应运而生，作为流转土地经营权的抵押贷款，只需要通过裕农通App进行线上申请，在线上传土地确权证书，就可以实现经营权的流转。随着土地流转业务的广泛发展以及三权分置土地制度数字化改革的不断推进，通过土地流转数据授信小微企业贷款的贷后风险也逐渐显现。当农民面临还款风险时，由于土地经营权无法作为抵押品进行变现，贷款的不良率也因此增加。为了保证贷款的安全性，降低风险，银行一般会选择将经营权进行二次流转，但这依然不能算是最有效的变现渠道。

同时，由于土地流转经营权仅通过线上抵押，农民可以用同一个土地确权证在不同的银行进行抵押获得贷款，这样就增加了农民的还款风险。为了保证贷款的安全性，降低风险，银行要求农户在申请土地流转贷款时将土地确权证书线下抵押在银行，这也造成了农户对于该项业务的抵触心理，加大了业务办理的不便性。因此，如果不进行数据信息共享，数据平台就无法打破业务的壁垒，也无法实现平台搭建目标和愿景。

为了进一步提升平台的前景和应用性，技术平台继续沿着三权分置业务方向深度研发，进而迭代了土地托管平台。土地托管平台实现了农民将土地经营权留在自己手中，将耕地托付给托管公司，建设银行将贷款给托管公司，解决了上述问题。可见，技术研发并非一劳永逸的，随着一个平台的推出使用，往往会涌现出新的问题，这就需要技术研发要根据需求适时更新，与时俱进。

通过金融科技技术搭建三权分置相关平台的开发过程，充分体现出了金融科技技术赋能乡村建设的价值。这不仅实现了土地信息管理数字化，助力国家土地制度改革，同时在赋能乡村建设的过程中，通过金融科技技术为金融机构实现了金融效益。截至2023年7月31日，土地流转平台已在13家分行，922个区县上线运行。累计流转土地95038笔，累计流转面积340.96万亩[①]，流转金额135.46亿元，服务农户53.8万、对公客户3.56万，基于土地流转数据的授信规模超过152.65亿元。

搭建三权分置相关的平台，赋予土地确权证抵押权，农民的土地确权证可以用来抵押并进行贷款。从土地流转平台的"地押云贷"到土地托管平台的托管贷款，

---

① 1亩≈666.67平方米。

都实现了建设银行贷款业务量的增长，未来随着金融产品的创新，也将对建设银行的发卡量、存款量以及贷款量等指标产生积极影响。与此同时，通过金融科技手段建立三权分置相关平台，建设银行成功连接了广大农户，打开了金融服务乡村振兴的渠道，形成了建设银行的农村市场数据蓝海，这也为后续建设银行产品创新和业务发展提供了重要的价值。

结尾

随着金融科技的发展，建设银行正在持续助力政府土地信息化建设，土地三权分置相关平台帮助政府解决了乡村土地流转问题的同时，平台后端对接的金融产品和金融服务也赋予了土地确权金融效益。由此可见，技术与金融的结合可以放大两者的自身价值，单一的技术只能从前端解决土地信息管理数字化这一制度变革问题，但无法赋予土地相关的金融价值，技术与金融结合的意义在于不但盘活了农村土地资源，更激发了农民种地的积极性，激活了农村市场，真正实现了多方共赢。

> **? 思考题**
>
> 金融和科技如何系统作用推动土地制度改革数字化？

聚焦用户需求　提供精准服务
——建融慧学校园综合服务平台

◎作者：谷一荻

案例摘要：当前，数字化技术正在推动教育系统发生全方位、多层次、立体化的变革。党中央、国务院陆续出台政策引导信息技术与教育互相融合发展，积极推进智慧校园建设，加强智慧校园信息化进程。建设银行顺应国家发展要求，发挥新金融的科技性与共享性，基于"互联网+教育"的服务模式，围绕校园生活场景与生活服务，搭建建融慧学校园综合服务平台，整合各类服务资源，提供全方位、全形态的智慧校园服务，赋能智慧校园建设。

关键词：金融科技；智慧校园；用户洞察；需求分析

> **学习目标**
>
> ❯ 通过对本案例的学习，了解用户洞察对平台类产品的重要性，掌握用户需求分析的方法技巧。

引言

随着信息化技术的快速发展，科学便捷的管理方法和系统能够有效提高学校管理质量和管理效率，学校也因此迈入了数字时代。在校园信息化建设的过程中，仍然有一些学校的信息化水平比较落后，存在如开学报到排队、校园卡充值排队、多个校园服务系统入口来回切换、评奖评优需要人工登记等现象，如何解决上述校园中的痛点、难点问题，助推教育信息化进程也引起了建设银行的高度关注。

为解决上述校园难题，建设银行针对高校和K12用户缺少统一集成平台、数据共享程度低、校园数字化水平落后等痛点、难点问题，搭建建融慧学校园综合服务平台，整合各类服务资源，提供全方位、全形态的智慧校园服务，赋能智慧校园建设（见图1）。

图1 建融慧学校园综合服务平台

在系统开发过程中，开发团队将聚焦用户需求作为第一要务，投入大量精力做好用户需求分析，使系统建设更为顺畅，平台运行效果更为突出。

一、搭建研究框架，功能需求和情感需求并重

项目组认为，商业的本质来源于物物交换，平台和用户是天平的两端，一个面向市场的产品或者平台，只有能够满足市场上某一类用户的需求缺口，才能在市场角逐中留存，否则就会被市场快速淘汰，尤其是在互联网技术飞速发展的今天，大多数平台都处于买方市场之下，需要在激烈的市场竞争中争夺有限的用户，让用户能够下载平台、注册平台、使用平台，甚至成为平台的忠实粉丝、为平台付费，以实现核心业务的发展，提升企业整体的市场竞争力和市场占有率。此时，对用户的理解便成为商业博弈制胜的关键，对用户需求的洞察也就成为了平台在激烈的市场竞争中生存的压舱石，时刻保持对用户需求洞察的敏锐性是平台在商业世界立足的根本。

从平台设计的角度来看，以用户需求为中心，对用户需求信息的获取、分析和评估一直是平台设计流程中的关键点，准确及全面地洞察用户需求是顺利实施平台开发的前提。

用户需求通常可以分为功能需求和情感需求两大类。功能需求是明显可观察到的外在需求，比如找工作会关注薪资水平、工作时间、福利待遇，买手机会看芯片、像素、运行系统、屏幕大小，买咖啡会看价格、出餐速度等，这些都是功能需求。功能需求更像是用户的"左脑"需求，是用户基本想要的东西，具体可以体现在低价、性能、便捷性、可达性、降低风险等方面。例如，性能表现为"满足用户对某项功能追求"的需求，便捷性表现为"快速获得反馈"的需求。

与之相对的则是情感需求，是一种隐藏在内在心理层次的需求，比如一家酒店的周到服务让客户感觉到内心很温暖。情感需求同样重要，它更加受到"右脑"的影响，更多地表现为用户情绪上的需求，体现在高端、定制化、新颖、过程体验、自我实现等方面，例如，过程体验表现为"减少甚至消除用户在完成某件事情中所遇到的阻碍"的需求。

二、多维度调研聚焦用户需求

教育领域学校数量多，从大学到高中、初中、小学、幼儿园，种类层级不尽相同，为了做好不同客户的用户画像，让调研更聚焦、更有针对性，项目组根据国内对教育领域的划分，将平台用户分为大学用户和K12用户两大部分，采用定量分析、定性分析和竞品分析相结合的方式了解用户需求。

> **小看板**
>
> K-12教育是美国基础教育的统称。"K-12"中的"K"代表Kindergarten（幼儿园），"12"代表12年级（相当于中国的高三）。"K-12"是指从幼儿园到12年级的教育，因此也被国际上用作对基础教育阶段的通称。

（一）高校的用户需求

由于高校内学生群体人数较多，基于问卷法操作简单、易扩散、调查结果易量化的特性，项目组首先针对大学校园内的学生群体，采用问卷法对用户需求进行定量分析。项目组设计了学生在校园生活中遇到的难题、亟待解决的方向、希望平台设计哪些功能等问题，从功能需求和情感需求两方面设计了相关的调研问卷，利用问卷星平台生成调研问卷二维码，通过辅导员将二维码发送到不同院系的微信群内，获取不同专业、不同年级学生的真实反馈。在学校师生的大力配合下，项目组在短短一周的时间内回收了几千份的调研问卷，得到了大量的基础反馈数据，并利用问卷星平台的数据分析功能对调研问卷的结果进行了统计和分析。结果显示，目前学生群体希望享受更加便捷的校园生活服务，更侧重于功能需求中的"性能"，例如可以使用一张二维码进出学校大门、澡堂、体育馆、食堂、图书馆、宿舍单元门等多种场景，不用再担心实体卡片丢失带来的经济损失和校园生活的不便；类似于社团招新、学生活动等申请、审批、费用报销等环节可以线上化，不必投入太多时间在审批环节上。

随后，为了了解校方各部门的用户需求，项目组决定采用访谈法进行定性分析，这种面对面的交流更有利于项目组层层递进引导用户展开更多的描述，获得更深层的信息，获取更多有价值的意见，深入了解用户需求细节。在正式进行访谈之前，为了获得更好的访谈效果，进一步明确用户的功能需求和情感需求，项目组围绕"对象—目的—场所—时间—人员—手段"的逻辑设计访谈提纲，获得各部门老师不同的岗位职责、当前履职的现状、履职过程中遇到的问题、希望问题如何得到解决等信息，挖掘用户需求。

> **小看板**
>
> 访谈法以口头形式进行。根据受访者的答复收集客观的、不带偏见的事实材料，以准确地说明样本所要代表的总体，适用于调查的问题比较深入、调查的对象差别较大、调查的样本量较小等情况。

在多次座谈交流后，项目组发现财务部门的老师也更加关注功能需求，希望在性能和便捷性上有所提升，更聚焦于不同系统间财务数据的核算，希望能有一个线上平台自动整合不同系统中的财务数据并进行分析；授课老师在日常教学工作中需要在各个不同的系统间来回切换，复杂的后台管理操作、不友好的界面降低了工作效率，希望这些系统能有一个统一的入口；辅导员老师则希望通过科技的手段缓解每年开学季迎新的压力，降低学生综合测评方面的工作量。

（二）K12用户的需求

面对K12的学校，由于学生年龄较小、尚未成年，校园生活较为规律，项目组调整了调研的思路，将调研对象更改为校方和家长，更多地使用观察法、询问法和访谈法进行调研，掌握用户需求。

> **小看板**
>
> 观察法是指研究者根据一定的研究目的、研究提纲或观察表，用自己的感官和辅助工具去直接观察被研究对象，从而获得资料的一种方法。科学的观察具有目的性和计划性、系统性和可重复性。

观察法具有直接性。在被观察者不被察觉的自然状态下，有规律地观察并记录其外部行为表现，以分析其心理活动，有助于对用户心理需求的分析与挖掘。在新学期开学之际，项目组分别去了不同的初高中学校门口，在家长们将孩子送入校门口的时候，成员们发现很多家长都会嘱咐自己的孩子，要赶紧把手里充值饭卡的资金存入食堂里面，防止该笔资金丢失，也不要用这笔钱去校外的小摊上买吃的，不健康也不安全，这类言语的背后体现出了家长追求"过程体验"的情感需求。出于对初高中学生使用资金安全和食品安全的担忧，家长们都希望能够用线上的方式来给孩子饭卡充值。

同时，项目组也在幼儿园校门口采访了多位家长。家长们都表示会担忧自己孩子在园内的安全问题，尤其是一些不能亲自接送孩子的家长，十分担忧孩子是否能够安全抵达幼儿园，很显然，家长更关注情感需求。面对项目组的采访，家长们纷纷表示希望自己能够实时查看校车的线路,在孩子安全到达幼儿园的第一时间接收相关信息,并实时查看孩子在幼儿园的情况。

随后,为了了解幼儿园园方的需求,项目组与幼儿园的园方进行了访谈,发现园方更注重"降低风险"的功能需求。在交流中幼儿园园长表示,校园安全的治理也一直让园方如履薄冰,安防、家长工作、园务管理、危机处理、保教工作、健康疾控……千头万绪的管理工作让园方运营颇为头痛,园方目前亟需一个能帮助他们实现孩子安全管理的平台。

(三)竞品分析

为了获得更好的用户端体验,项目组在项目设计过程中先后进行了两次竞品分析。首先,项目组在与市面上三类校园服务商设计的平台对比时发现,当前市面上的大部分学校类平台都聚焦于教务系统、一卡通系统、财务管理系统、图书管理系统、人事管理系统等某一项业务,还没有平台将这些功能集合在一起,建融慧学平台的出现恰好能弥补在此处的空白,开拓出一片新的业务蓝海,这更加坚定了项目组要做一个一站式校园综合服务平台,进一步促进业务与技术的融合;其次,在研究其他平台的过程中,项目组进一步优化了建融慧学平台整体的页面设计,提升了各个场景中用户操作的流畅性,让用户享受更便捷、更丝滑的线上平台服务。

由此可见,一个平台的诞生并不是"拍脑袋"想出来的。想要做一款能够解决客户实际问题的平台产品,就要在设计平台伊始做好用户洞察,通过问卷调研、座谈访谈、实际走访等多种途径聚焦于用户的痛点和难点问题,才能真正了解用户的功能需求和情感需求,才能够想用户之所想,做用户之所需。同时,为了让用户有更好的用户体验,进行市场调研,了解市场已经存在的平台的特点,优化自身功能属性,也是必不可少的一环。

三、萃取用户需求

根据以上调研结果,项目组对校园已有的信息化应用工具和平台的平台架构、功能布局、交互体验等进行深入研究,并充分分析当前学校、老师、学生、家长多方的功能需求。更为重要的是,项目组并未停留在需求的表象层面,而是深入分析,深挖功能需求背后是否隐藏了情感需求,研究情感需求是否需要功能需求支持,在反复论证后,一个关于校园数字化生态产品的设计理念与架构出现在了项目组的脑海中。

（一）开放共享，一网通办

针对大学校园内学生希望使用一个二维码畅享校园生活与教师希望财务数据互联互通、日常工作的不同系统间有统一入口的功能需求，项目组整合了原有的系统，构建了一个全事项、全流程、全覆盖、全场景的智慧校园移动应用基座。为了让不同系统间的数据能够共享，项目组首先制定了统一的应用接入规范和体验标准，这样不同系统间的数据就能够以统一的标准进行集成、融合与扩展，以此来推进跨部门、跨层级、跨系统的数据流动，从而实现数据互联互通、资源共享，充分发挥数据价值。其次将学校现有的业务系统，如教学科研、管理服务、校园运行等系统整合在一起，并在移动应用上建设统一入口，方便师生登录、查询、充值等，有效提升师生用户体验感和获得感。

（二）重点场景，特色打造

针对学生提出的希望社团申请审批、费用报销线上化需求与辅导员老师提出的提高迎新、综合测评工作效率的需求，项目组聚焦提升校方管理服务能力和便捷学生校园生活两个方向，围绕着校园内迎新、社团管理、综合测评等重点场景，项目组认为当前校园需要一批新的移动端应用，更好地帮助学校减轻管理工作量，提升学校管理效能。

为了让新应用能够更加流畅、便捷，项目组特意研究了校方线下迎新和社团管理的工作流程，再根据线上申请、线上审批的系统化操作特点，在迎新方面设计了信息采集、绿色通道申请、银行卡申请、费用缴纳、体检预约、线上报到的闭环流程；在社团管理方面研发了社团招新、社团活动、社团相册、社团服务等覆盖社团全场景、全周期的功能服务，实现了相关业务的全流程线上办理，有效地为学生生活赋能、为教职工管理减负。

（三）身份识别技术让校园更"安全"

针对K12学生的家长希望实时掌握孩子的安全状态、幼儿园需要提高园内安全治理水平的需求，项目组打造了智慧幼儿园系统，将物理传感器与线上系统结合起来，利用拍照、人脸识别等多种身份识别技术，实现了出入校门人脸识别、学生动态实时追踪等功能，能够实时向家长反映学生出入园区的情况，方便家长全面获取学生在园轨迹，也方便校方的园内安全管理，释放更多教学资源。

（四）刷脸支付让资金更"安全"

面对初高中学生家长希望能够线上充值饭卡的需求，项目组发现其背后本质上就是金融支付的问题，如果能将这种线下支付的方式改为线上支付，问题就可以迎刃而解。所以，针对初高中学生不能使用手机支付的特点，项目组围绕着线上资金支付的需求新增了智慧餐厅刷脸功能。孩子在系统中录入自己的面容信息后，家长在系统中绑定自己的电子钱包，学生只需要刷脸就能就餐，实现了"刷小孩脸，扣家长钱"。在方便学生的同时，统一对账也减轻了老师的结算压力。

从大学校园到K12用户，建融慧学平台功能的创新扩展赢得了家长、学生、教职员工和校方的一致赞誉。

结尾

功能需求和情感需求在平台开发中都起着至关重要的作用。功能需求能够确保平台满足用户的基本需求，提高平台的可用性和用户体验；而情感需求更关注用户的情感体验，有助于建立品牌忠诚度、提高用户满意度并促进口碑传播，吸引更多潜在用户。

建融慧学平台基于用户需求，从设计到面世再到功能和版本的迭代，经历了4年的时间。截至2023年11月，已服务高校905所，服务K12学校4.5万所，服务1643万个客户，月活用户数340万个，不仅实现了幼儿园、小学、初中、高中、大学全覆盖，也获得了家长、老师、学生、学校等多方的一致好评和认可。同时，资金交易高达3.4亿笔，金融交易额达到194亿元，关联对公存款突破1000亿元。建融慧学平台在数字化时代打造了新型的银校关系，为建设银行的业务发展起到了不可或缺的推动作用。

> **思考题**
>
> 1. 在开发平台的过程中,如何从功能需求和情感需求角度辨析用户需求?
> 2. 在开展调研的过程中,访谈法、问卷法、观察法等方法的特点是什么,分别适用于哪些不同场景?
> 3. 针对多维度用户(如学生、师资、家长)的产品,如何开展需求分析?

"双管齐下"让平台"精准定位"
——建融智医综合服务平台案例

◎作者：谷一荻

案例摘要：医疗行业服务场景多变，对平台稳定性要求极高，且诊疗数据纷繁复杂，医疗行业的信息化建设进程和落地效果参差不齐。针对医疗行业信息化的难点，建设银行在"金融+科技"的助力下，精准定位，找准痛点难点，依托强大的金融科技力量赋能医院信息化改革，建设了建融智医综合服务平台，不仅助力百姓解决看病难的传统难题，帮助医院减轻诊疗负担，而且以此为契机开拓了新的银医合作模式，拓展金融业务，取得了良好的社会效益和经济效益。

关键词：金融科技；智慧医疗；平台定位

> **学习目标**
>
> ▶ 通过对本案例的学习，了解可以从哪些维度定位平台功能，设计平台整体框架。

引言

伴随着数字化时代的来临，数字化加速融入传统的医疗场景，不仅让医疗资源得到合理利用，也加强了医疗资源共享、降低了社会医疗成本，更提升了人们的身体健康和生活质量。近年来，国家相关部门接连发布了多项政策，"互联网+医疗健康"领域开始高速发展。然而，由于医院数量众多，区域间发展不均衡，还有大量医院、诊所等医疗机构存在着数字化转型缓慢、投入成本巨大、数据安全难以保障、平台稳定性不足等诸多困难，在这样的背景下，建设银行用金融和科技的优势助力解决智慧医疗的实施和落地问题，建融智医综合服务平台应运而生。

建融智医综合服务平台致力于为用户提供全流程的就医服务，"线上+线下"相结合的模式不仅可以实现挂号、缴费、排队、住院、医保等就医场景，优化患者院内就医流程，提高医院的就诊服务综合效率，还能实现线上就诊、线上开方等互联网线上医院的功能，为医院提供多渠道、多功能、全场景的服务新模式（见图1）。

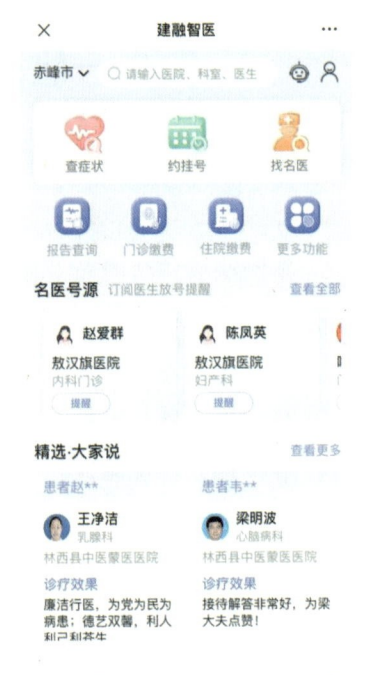

图1　建融智医平台移动端界面

一、基于定位理论为平台建设定战略

项目组成立初期，对于要建设一个怎样的平台、要实现哪些功能毫无头绪。

在查阅资料后项目组发现，在设计一款平台时，定位是关键，因为它决定了平台的核心功能、目标用户、服务范围以及技术要求等核心要素。这些要素对于平台的成功与否具有决定性的影响。定位理论在商业和产品设计中有着广泛的应用，其中，市场定位理论强调了产品在市场中的独特性和差异化，从而使其在竞争中脱颖而出，而用户定位理论则强调了产品要满足目标用户的需求和期望，从而赢得用户的信任和忠诚度。而对于一个医疗平台来说，定位同样至关重要。因为医疗领域不仅包含疾病诊断、治疗、康复、健康管理、药品管理等服务环节，还涉及如医生、护士、药师、病人、健康人群等多类型的目标用户群体，他们对平台的需求也会有所不同。例如，医生可能需要平台提供病历管理、诊断支持等功能来提升看诊的效率，护士长可能需要平台提供病人监控、护理计划等功能来提升管理效率，病人可能需要平台提供在线问诊、药品购买等功能来提升经济效率。面对这些复杂的、多元化的需求，一旦定位不当甚至不进行定位，很可能出现供给与需求错位的情况，从而导致平台在市场竞争中处于不利地位，无法在激烈的市场竞争中脱颖而出。

为了更精准地找到平台建设方向，项目组成员将定位理论应用于平台搭建实践。在研究定位理论的过程中，项目组认为菲利普·科特勒的定位理论更加符合当前实际。菲利普·科特勒认为，定位是对产品进行设计，从而在目标顾客心中占据独特的、有价值的位置的行动。定位建立在顾客满意的基础上，他强调应该致力于满足市场需求，明确市场上目前有哪些不同的需求，这些不同的需求来源于哪些客户，最后通过更好地满足目标顾客群的需求来获得在市场竞争中的优势。

> **小看板**
>
> 菲利普·科特勒1931年生于美国，经济学教授，是现代营销集大成者，被誉为"现代营销学之父"，任美国西北大学凯洛格管理学院终身教授，是美国西北大学凯洛格管理学院国际市场学S·C·强生荣誉教授。

二、需求调研与市场分析双管齐下

为了更好地满足市场需求，获得用户对平台的满意度和忠诚度，项目组决定通过需求调研和市场分析两个维度来明确当前在医疗市场上的用户需求。通过需求调研获得当前用户需求的一手资料并加以分析，明确用户需求；通过市场分析了解我国当前的医疗市场环境，从系统整体的角度来思考平台的定位和功能的设计。

团队成员分为两个小组，一个小组直接面向医院、患者，了解他们当前在"互联网+医疗"转型方面的具体痛点和迫切需求；另一个小组进行市场调研，了解我国当前医院的市场容量、患者数量、发生资金结算总量以及医院诊疗业务增长情况等客观条件。

（一）多维度调研深挖用户需求

为了更好地了解用户的真实需求，第一组成员采用了现场座谈、调研问卷、实地走访等多种方式，深入各个层级的医疗机构一线展开调研，真实了解院方、患者对平台功能的真实需求。

小组成员首先设计了调研问卷，从就诊过程中哪个环节体验较差、希望医院提供什么服务、希望平台实现哪些功能等几个维度了解患者在诊疗服务过程中的需求，并通过将调研问卷的二维码粘贴在医院窗口和就诊门口、志愿者引导等方式让更多患者参与到调研中。通过对回收的上万份调研问卷进行分析，项目组发现，目前患者最为关注的是如何能够在诊疗环节享受更便利的服务，例如，通过科技的手段实现预约挂号和线上缴费，减少排队等候的时间。

在对不同层级的院方进行现场座谈的过程中，项目组发现各个院方提出的需求既有相同之处，又有不同的地方。相同之处在于，各个医院的需求与患者的需求相互匹配，院方需要一个能够实现线上挂号、线上查询、线上缴费等线上全流程功能应用的平台，让就诊患者只需要动动手指，即可在线上完成挂号预约、自助缴费、查看报告等，从而缩短患者排队等待的时间，减少引发医患关系紧张的矛盾点，提升医院的运营效率。不同之处在于，各家医院都希望平台从系统设计上来讲能够个性化、有针对性、更聚焦，能够体现医院自身的独特特点，服务于医院的某一独特领域。

除此之外，在走访的过程中，项目组发现一些中小型医院的诉求和大型医院也不尽相同。大型医院由于体量较大，资金雄厚，自身信息化进程较快，一些大型医院甚至已经配备了较为完善的线上诊疗服务体系，但是在资源的限制下，很多中小型医院的信息化进程相对落后，信息化系统仍比较薄弱，还依赖传统的信息平台来处理每日海量的诊疗数据，依然存在部分内容需要人为处理的情况，且不同平台和不同类型的数据无法打通与互联，医院整体运营效率较低。谈到信息化，很多中小型医院的院长向项目组明确表示，希望项目组帮助他们实现前中后台的一体化链路，把医院的诊疗服务管理、收费管理、药品管理、行政管理等多个环节整合为一体，提升医院的运营效率。

（二）全方位分析市场需求

1. 分析医疗市场现状

在对我国医疗市场进行研究时，第二组成员采用了历史资料分析法，通过对过去几年来卫生监督管理局、卫生健康委发表的数据进行分析，小组成员发现当前医疗市场上"看病难、看病贵"问题的背后，主要原因之一就是优质医疗资源的稀缺。在我国，占医疗机构总数较少的三级医院承担了全国每年大量的诊疗人次，每一位患者都需要等待几个小时才能换来十几分钟甚至几分钟的问诊。此外，目前我国城市中大部分的医疗资源集中在二级及以上医院，仅有少量的资源分布于基层社区医疗机构。医疗资源的配置错位导致资源紧张、利用率偏低。一旦这些问题无法得到妥善处理，将会使医患矛盾等众多医疗问题积重难返。

同时，小组成员发现，我国已步入老龄化社会。面对与日俱增的老年人口，可以预见，未来诊疗需求将会大幅度上升，医疗机构将持续承压。

2. 洞察用户潜在需求

面对市场当中这样的困局，项目组进行了新一轮的思考：如何利用信息化技术和科技手段来帮助患者、帮助医院解决这些难点？在痛点倒推需求的过程中，项目组发现，可以利用互联网、云计算等手段，帮助医院重构业务流程，实现"小病、慢性病远程问诊，大病、疑难病线下就诊"的分诊模式，减轻医疗机构的就诊压力。通过在互联网里实现远程门诊、远程多学科会诊、远程影像、远程病理、检验标本标准化传输与检测等线上就诊全流程，使很多患者可以在家里就诊，从而减少患者排队和来回往返医院的时间，也可以减少医院的就诊压力。

但是，围绕着是否要在平台中实现相关功能，项目组内的成员产生了意见分歧。一部分成员认为，这些功能不是客户提出来的，代表着未来可能会使用该平台的客户没有这类的需求，在前期投入大量的时间、人力去设计该功能，性价比不高，很可能未来在市场上无人问津；但是另一部分成员认为，这是市场上的潜在需求，既然市场当中有相关问题存在，那么就表示客户也有帮助他们解决相关问题的需求存在，只不过这些需求是潜在需求，客户自身还没有意识到而已。该部分成员同时还认为，潜在需求即意味着当前市场上还没有类似的产品能够帮助用户满足他们的需求，正是可以通过弥补市场空白来拓展业务的一片蓝海，一定要抓住这个机会抢占市场先机，把握市场的主动权。

项目组遇到的上述情况，好比在马车时代调查消费需求。也许会有很多被调查者提到需要更快、更舒服的马车，但是几乎没有人会说需要一辆汽车。从消费者那里得到"需要汽车"的需求是非常不容易的，因为从温饱、满足的需求出发向上追求，在连续的需求变化中出现不连续的飞跃的概率非常小。但是，一旦出现一辆汽车,甚至出现一列火车,很有可能会受到广大用户的喜爱。尤其是在当前市场竞争较为激烈的条件下,要应对未来的不确定性,就要把这种"飞跃"的创意从想法变成商业计划,变成产品和服务。

三、建融智医综合服务平台功能落地

围绕着对医院、患者的深度调研交流和对市场的深入分析,项目组发现相关需求主要集中在效率方面。对于患者而言,患者一方面希望在线下就诊环节享受更便利的服务,减少排队等候的时间,另一方面也希望医院能提供线上问诊的渠道,从而减少路上往返的时间,即从线上和线下两方面提升就诊环节的效率;对于医院而言,大部分中小型医院都希望能够打通前台、中台和后台的链路,还有一部分医院希望平台展示主页面能带有医院独特的特色,从而加深用户的记忆,即从整体上提升医院的运营效率。

基于菲利普·科特勒的定位理论,项目组决定将医疗平台定位于满足医院、患者这两类目标客群的效率需求,围绕提升医院运营效率和提升患者就诊效率进行功能设计,在建融智医综合服务平台上实现三类功能,改善患者的就医体验,让医疗机构运营减压,助力医疗机构转型。同时,以此平台为依托打造新型银医关系,提升医院的黏性和忠诚度,以此实现金融业务的转化和资金的沉淀。

(一)便民就医服务和互联网医院

针对患者挂号难、排队久的难题的效率需求,项目组在平台上设计了便民就医服务的功能,作为医院医疗服务在互联网上的渠道延伸,通过实现线上挂号、线上查询、线上缴费等覆盖患者线下就医院前、院中、院后的全服务流程,来缩短排队等候的时间。

针对医疗市场上资源紧张的市场现状,也就是患者需要便利化医疗服务的潜在效率需求,项目组设计了互联网就医服务功能。为了能让线上的诊疗服务更加流畅,项目组学习并研究了医院线下的就诊流程,并根据线上的特点针对不同的患者客群——初诊患者和复诊患者设置了不同的流程。例如,初诊患者通过互联网医院的线上问诊功能,可初步获得病情诊断,根据实际情况选择是否至线下就诊;复诊患者填报病情后发起在线问诊,医生可直接开具检查检验单或电子处方单,处方可流转至药房并完成药品配送。这种全流程线上问诊的方式能够打破医院传统的服务

场景，突破了时间和空间的限制，打造线上预约挂号、线上复诊续方、线上药事服务、医保移动支付、物流配送到家的闭环式一体化服务新模式。

（二）云HIS平台和个性化服务

随着前端就诊需求得到落地，针对中小型医院提升信息系统功能的效率需求，项目组把更多的注意力放到了医院底层信息平台的优化上。为了实现各个流程的线上丝滑体验，项目组将医院原有的检验、住院电子病历、检查等多个功能模块进行聚合，将多个业务环节整合为一体，搭建云HIS平台（医疗信息系统），为院方提供一体化的操作，减少医院信息人力物力投入，同时为医疗管理者提供全面监管。

与此同时，面对各个医院提出的要有针对性、个性化的需求，项目组在考虑了前期投入成本和后期产出成果的投入产出比的前提下，决定采用"通用+特色"的形式，在投入成本最小化的前提下满足各院方需求。

项目组先搭建了一个包含基础应用的功能模块，能够适用于各家医院，再针对每一家医院所提出的具体的、有针对性的、个性化的需求，在通用版本的基础上为各个医院打造专属渠道和专属特色功能，这样既能满足各家医院的定制化需求，又能够使项目整体的投入最小化，从而实现收益的最大化。

结尾

定位理论对于平台建设具有重要的作用和价值。一方面，定位理论可以帮助平台明确目标客群，了解他们的需求、偏好和行为，更好地理解用户，从而提供更符合用户需求的产品或服务。另一方面，定位理论可以为平台开发提供指导，确保产品或服务与目标受众的需求和期望相匹配，从而提高平台的质量和用户体验，使平台在市场上更具竞争力。

从排队挂号到网上预约，从望闻问切到隔空问诊，从现金刷卡到信用支付，从上门取药到药品快递到家……随着智慧医疗建设的推进，市民看病变得越来越方便，"看病难"问题得到有效缓解。截至2023年11月，建融智医平台已经推广医院1109所，挂号笔数达到1326万笔，累计支付3994万笔，支付金额高达52亿元。而这背后，是以建融智医为代表的综合医疗服务平台通过科技手段推动医疗机构优化就医流程，用信息化赋能医疗机构拥抱数字化未来。

? 思考题

1. 定位理论如何适应当前市场、政策、需求的快速变化，当情境发生改变，前期定位的有效性如何保持？
2. 需求调研与市场分析的共性和差异性体现在哪些方面，在不同的场景下是否需要有所侧重？

服务民生大计　践行数字安居
——建设银行"数字住房"平台实践案例

◎作者：吴文玲

案例摘要：随着房地产行业的发展变化以及人民群众对房地产业务服务需求的不断增加，住建部门现有房产管理系统中数据及业务孤岛现象严重，标准不一，系统响应速度慢，数据及业务不规范，业务监管难等问题日益凸显，严重影响房地产业务管理效能，制约了房地产行业的长远发展。为有效规范房地产管理业务、统一数据标准，提升房地产服务智慧化水平，国务院、住房城乡建设部相继颁发系列数据标准及指导意见，要求优化房地产营商环境、推进全国政务服务"一张网"建设。

为有效助力政府部门提升行政效能，打造诚信营商环境，确保房地产行业健康发展，中国建设银行依托金融科技战略，为住建部门量身打造了"数字住房"平台，成功探索创新"互联网+政务+金融"服务模式。"数字住房"平台既可为政府部门线上提供业务受理、审核和查询等政务服务功能，也可为从业主体机构和广大群众提供信息申报、业务办理、掌上查询等功能，助力政务服务涉房业务"一网统管"和"一网通办"成功实现，大幅提升了人民的获得感和幸福感。

关键词：金融科技；数字住房；数字政府；数据

学习目标

> 了解面对复杂业务，如何快速识别有效需求，并转化为平台功能的思路。

引言

建设银行秉承痛点思维，深耕数字住房生态，创新"复杂业务学习四步骤"，围绕房屋全生命周期，为住建部门打造"数字住房"平台，开创"优政、惠民、兴企"合作新模式，实现政府、民众、企业、银行多方共赢。

一、房地产管理业务复杂难解

（一）房地产行业涉及面广

房地产行业涉及土地、建筑、设计、市场、政策等多个方面，可谓包罗万象。从第一性原理的角度看，房地产行业可以被分解为基本的构成部分：土地、建筑、物业管理和市场。土地是房地产的基础，其供需关系、政策法规、地理位置等都会影响房地产市场。建筑涉及设计、施工、装修等多个环节，需要考虑建筑材料、能源、环保等问题。物业管理包括物业服务、维修和管理等内容，影响到住户的生活质量和投资回报率等方方面面。市场则需要考虑需求、价格、供应、竞争等因素，需要深入了解市场趋势和客户需求。同时，在房地产业的上下游，分布着大小60多个产业和一大批政府部门、公共事业部门，形成了一条独特的庞大的"房地产业生物链"。房地产业对其他相关行业的关联度更强，它所带动的上游相关产业和下游相关产业，不仅链条长、范围广，而且能够带动其他行业质量的提高和产业的增长，包括有关产业的转型。由此可见，房地产行业涉及行业多、关联性强、规则多、产业链庞大，复杂程度非同一般。

（二）房地产业务管理过程复杂

因房地产业务关联范围广、涉及对象多、业务复杂度高等特点，房地产业务管理过程极其复杂。现有房产管理信息系统中，各业务系统相对独立，难以实现完整的业务流程在各系统间顺畅流转，导致业务协同效率低下。具体体现在以下五个方面：一是政策不同，标准不一。各地房管局的政策要求存在差异，从而导致业务需求差异较大，且大量基础数据杂乱、缺乏统一治理，使管理工作大幅增加。二是政策变化快，快速响应难。国家政策实时变化，及时响应和快速落实存在运维成本高、迭代响应慢等多种客观难题，系统难以紧跟国家政策的快速发展。三是涉及部门多，协同难度高。业务办理过程中，需要各委办局协同参与，极易导致办事环节多、重复证明多、办事跑腿多等问题。四是系统不通，流程复杂。现有房管系统因数据交互不通、信息化利用率低，造成数据信息不对称，很多流程无法做到数据透明化，导致交易双方都面临着太多不可控的因素。五是人工监管，复杂低效。传统的地产管理模式比较依赖人工服务，涉及的款项往来、服务往来都需要执行核准追踪记录，不仅存在着效率低下且成本较高的问题，更为公平、公正、公开、透明的有效监管和风险防范带来很大挑战。

二、"数字住房"平台搭建显建行速度

国务院、住房城乡建设部等部门相继颁发系列数据标准及指导意见要求优化营商环境、推进政务服务"一张网"建设。《房地产市场基础信息数据标准》《住房城乡建设部关于提升房屋网签备案服务效能的意见》《全国房屋网签备案业务数据标准》等文件的出台，不断规范房地产业务管理流程和标准，要求各地提高信息化水平，为企业和群众提供高效便捷的政务服务。

在此背景下，中国建设银行以住房这一民生痛点作为切入点，依托金融科技战略，科学运用"复杂业务学习四步骤"，面对复杂难解的房地产管理业务，在仅仅8个月时间内迅速完成"数字住房"平台这一标准化平台的搭建并顺利上线运行。"数字住房"平台以住房为核心，围绕住房设计、建设、销售、使用、管理及拆迁等房屋全生命周期，按照政府统一标准，为房地产业相关人员提供的线上一站式全流程管理和服务数字化平台，主要包括智慧房管、交易资金监管两大系统，助力涉房业务"一网统管"和"一网通办"成功实现，以建行速度快速解决复杂问题，助力政府提升数字化管理效能，构建房地产市场平稳健康发展长效机制，提升房地产管理业务质效，大幅提升了人民的幸福感和获得感。

三、化繁为简，创新复杂业务学习"四步骤"

2020年初，数字住房项目由建信住房服务有限责任公司移交到建信金融科技有限责任公司承建（二者均为中国建设银行集团所属子公司）。当时系统平台已有一些功能，但需求方反馈原有平台试运行过程中存在"系统界面不能在同一界面查看影像和电子信息，非常不便；维修资金、预售资金与网签备案系统的登录地址、用户、界面各自独立"等问题亟待解决，因此，对于初步组建的数字住房团队来说，

在快速接手项目研发并推进的同时，更要迅速解决所面临的急迫问题，这就对团队成员的业务技术能力和后续实施策略提出了巨大的挑战。面对这样的问题，开发团队从解决问题的思路上做文章，摸索出了一套"复杂业务学习四步骤"，提升了工作效率，增强了工作效果，为系统的成功建设奠定了基础。

（一）头脑风暴，各抒己见捋思路

面对复杂的房地产管理业务，捋清业务解决方案的思路是关键，从而保证后续的平台研发实施有所依据。对于初次接手系统的数字住房团队的科技人员来说，对房地产业务仍处于一知半解的状态，贸然开始研发工作并不明智。在数字住房团队接手项目时，原有项目仍处于探索和试运行阶段，团队成员均由其他团队抽调而来，对系统已有功能仍处于陌生和混沌的状态，问题解决的速度和效率远远达不到需求方的要求。基于此，团队成员决定先以头脑风暴的方式展开集体会议，各抒己见，讨论系统项目研发实施思路。

经过归纳总结，大家发现问题主要集中在重启调研和摸清系统业务两条思路上，一种看法认为"由于项目的前期调研没有参与，使对于客户的需求并不能理解清楚，更何谈解决问题，应该再次开展需求调研"，另一种看法则认为"虽然以往的项目开展第一步都是先做需求调研，但这个项目跟一般的项目流程不太一样，且目前新冠疫情情况不明，开展调研现实困难较大，可以试着先以需求方提出的问题为靶子，学习房地产业务逻辑，同时了解一下现有系统，这样再去解决系统问题、完善系统功能，也会更容易一些"。

头脑风暴的会议形式，不但能够提出更多解决问题的方案，更为关键的是营造了良好的团队共创氛围，将不同的意见摆到台面上沟通，更有利于后续方案的实施。团队经过详细讨论和客观分析，认为重起炉灶进行全面调研成本较高，费时也较长，还是需要采用有针对性的系统性学习，了解房地产市场以及住建系统的业务流程、操作步骤和习惯，保证后续系统项目研发实施的质量和高效。

（二）团队学习，分工合作搭框架

跨界学习对于思维模式已经固定的成年人来说并不容易，尤其是房地产行业本身就是一个涉及了超过60个细分行业的超大产业。面对如何加深对业务的理解和学习、并快速形成学习框架，数字住房团队决定发挥各自优势、分工合作，以团队学习的方式共享知识，搭建框架。

其一，明确学习目标。虽然面对复杂业务，理解业务是搭建系统的前提，跨界学习是必要的，但毕竟作为技术人员，学习业务是为了解决问题而不是为了入职房地产行业，所以学习目标主要聚焦在学习行业基础知识和流程方面。

其二，解读制度和报告。房地产行业作为国民支柱行业，与国家政策密切相关，因此理解房地产行业相关制度和报告是理解业务的必备环节。

其三，学习论文和专业书籍也是了解房地产业务的有效途径。作为如此成熟的行业，研究房地产业务的论文和书籍非常充裕，且对问题分析系统深入，对于快速了解行业基本概念和业务基础是一条捷径。

其四，借助互联网快速吸纳知识。信息时代，知识的学习更是离不开网络渠道，同时也比较契合科技人员的学习习惯，便于了解业务最新动态和市场变化。

其五，团队成员根据自身特点，选择与团队成员负责的业务相关性高的知识学习，并将所学知识与系统现有功能结合，不断加深理解，辅以交流研讨会等形式，促进团队成员的互通有无，提升组织学习的有效性。

经过一段时间对于房地产市场的学习和系统本身功能的了解，项目组成员明显感觉到对系统做的"摸底"功课已初见成效了，针对大部分业务语言的专业描述，不再像以往一样云里雾里，基本可以在沟通时做到与客户无缝对接。

（三）跟岗观摩，变业务黑盒为白盒

虽然基于前面的业务学习，对于现有系统的改造已经获得了一些成果，但仍然经常收到业务部门类似"此系统操作界面不符合操作习惯及业务流程"的负面验收结果反馈，这也就仍然提示项目组对业务的学习理解停留在理论层面上，如同软件开发一样，仅仅完成了黑盒测试[1]。而真正要实现对复杂业务的理解，要与实践结合，不仅需要黑盒测试，还需要白盒测试[2]，需要变业务的黑盒为白盒，不但要学习理论，更要了解房地产管理的业务实操流程，从而更好地满足业务管理端的需求。

---

[1] 杨胜利.软件测试技术［M］.广州：广东高等教育出版社，2015：44.
[2] 李香菊、孙丽、谢修娟，等.软件工程课程设计教程［M］.北京：北京邮电大学出版社，2016：72.

> **小看板**
>
> 黑盒测试和白盒测试都是软件测试方法。如果把测试对象看作是一个未知的盒子的话，黑盒测试不考虑盒子内部程序的构造，只按照需求规格说明书对外部数据、功能及性能进行测试，因此，黑盒测试又称功能性测试。相反，白盒测试把测试对象当成一个打开的盒子，允许测试人员利用程序内部的逻辑结构及有关信息，设计或选择测试用例，对程序所有逻辑路径进行测试，白盒测试注重程序的内部控制结构，因此，白盒测试又被称为结构测试。

根据摩根、罗伯特和麦克三人合著的《构筑生涯发展规划》一书中提出的关于学习"721"学习法则可知，在成人的世界中，70%的经验获得来自工作中的学习，边工作边学习边总结，不断应用于实践，再进行经验的调整总结，再实践，在一步一步循环往复中形成可靠的经验和技能；20%的经验来自通过与身边优秀的人沟通、讨论、交流，从而可得他人的经验，并借鉴参考，内化成自己的经验；其余10%则来自常规的培训。理论要与实践结合，所以团队决定以跟岗观摩的方式了解业务实际操作流程。

为了更精准定位系统问题所在，数字住房团队决定将跨界学习继续向前推进。在征得需求方同意的前提下，数字住房团队派专人对住建系统的工作人员进行跟岗学习，努力将房地产管理业务操作流程变为白盒。在跟岗学习过程中，团队成员就像实习生一样，即便由于合规原因不能上手操作，也会认真学习、观摩、记录业务人员办理业务的每个步骤，并尝试理解背后的业务逻辑，还时不时地向业务人员提出自己的思考和理解，同时把握住难得的机遇，多次询问业务人员对系统改造的期望。

团队成员通过跟岗观摩这一极其接近实践应用的跨界学习步骤，从实际工作中去深入学习和理解住房业务的操作习惯、业务流程，并精准记录现有系统中存在的问题，变黑盒为白盒，汇总生成系统重构的完整需求，并决定将此版本打造成为全行的数字住房标准版。

数字住房团队结合之前学习的房地产管理业务知识以及对不同岗位的跟岗学习

心得体会，重新理解需求方提出的问题。项目团队通过梳理发现，之所以需求方会提出"系统操作界面不符合操作习惯及业务流程"这样的验收结果，主要基于以下三方面原因：第一，同样是住建系统的使用者，层级、端口的不同会产生不同的使用需求，比如省级住房和城乡建设厅的使用者需求主要集中在对全省房地产交易的监测和管理上，而下属住建部门经办人员则关注得更为详细，会涉及具体项目和企业的情况；第二，团队成员一开始对系统中房屋编号的理解仅仅是一个代码，无任何实质作用，而通过跟岗学习发现，房屋编号相当于房子的"身份证"，包括房屋设计规划图、房屋过户、费用管理等所有业务都要与之产生关联，进而实现不同系统间的数据共享等功能；第三，房屋作为公民的财产，与法律密切相关，如果房屋涉及司法诉讼、冻结等问题的处理，要查阅法律资料，将合法的流程整合到系统操作中，否则一旦处理不好，会带来法律纠纷。

这些根源的探寻虽然是项目团队在跟岗学习中领悟到的，但也少不了前期的业务知识学习的铺垫。就这样，在经过多次学习、反馈、再学习、再反馈持续的需求理解和确认过程，数字住房团队终于厘清了政府住房管理的各项需求，经过认真打磨，形成了相对应的建行方案，并获得了客户的初步认可。

（四）请教专家，打牢基础升级思维

系统重构的过程中，数字住房团队需要大幅改造系统，除了要同步业务语言，还要更深入地了解行业特点和业务流程细节。虽然项目团队成员已经在努力学习行业知识、深入理解业务逻辑，但房地产行业作为一项涉及至少60个门类的大类科目，仅仅通过几个月的学习是难以吃透的，更加深入的行业特点和业务细节需要多年积累，尤其是一些行业术语和业务习惯许多浸淫行业多年的从业者也不一定说得明白。面对这样的情况，团队充分利用专题讲座、座谈交流等学习方式，有效获得专家多年的行业积累，从而实现了业务学习的知识获取和思维升级。

一方面，数字住房团队努力"向外看"。市场上一直存在着大批长期为住房行业提供技术支持的企业，同为技术团队，由于在住房行业摸爬滚打多年，他们对于住房行业的了解可谓如数家珍。基于此，数字住房团队紧急联系了前期有过合作的一些经验丰富的头部企业，组织了多次学习、交流，为系统的改造和升级做足准备，避免走弯路。

另一方面，数字住房团队不忘"向内看"。在考虑线下业务复制到线上有可能会发生的变化和问题上，数字住房团队随时保持与行内住房业务一线人员的紧密联系，必要时候请系统使用人员加入系统测试，建立跟踪和快速解决机制，提高响应速度，实时将平台与业务之间进行逻辑和流程的匹配，从而使系统功能更符合业务端的操作需要，使项目可以在未来更好落地。

结尾

2020年8月，经过集成和系统改造后的"数字住房"平台，初步确立并完成了两大主要功能系统：智慧房管系统和交易资金监管系统。智慧房管系统的功能包含基础服务类的楼盘信息、从业人员管理、开发项目管理、房屋预售、一二手房网签备案、房地产市场监测等；交易资金监管系统的功能包含商品房预售资金监管、存量房交易资金监管及征收补偿资金监管等。

"数字住房"平台彻底改变了原管理系统分散、重复建设、内部协同难、外部共享难等痛点难点。平台围绕房屋全生命周期，借助小程序、PC端等实现查询数据、办理业务，并实现数据自动汇总统计，有效减轻基层政府负担，实现政务服务涉房事务"一网统管"；还打造了标准化规范化的操作流程、预售资金和维修资金在线管理、全省统一的数据共享，助力住建管理部门全面提升在房地产和建筑业的政务服务能力，助力人民涉房服务"一网通办"，为他们提供更高效便捷贴心的政务住房服务。

截至2023年12月，"数字住房"平台已在全国多地推广应用，其中广东、贵州和山西等地作为全省统建平台有效支撑当地住房管理工作，平台累计办理网签160万笔，发放业务备案编码超200万个，累计监管交易资金总额超4500亿元。

"数字住房"平台，是中国建设银行积极响应国家政策要求，依托金融科技优势，聚焦房地产管理业务复杂问题的房地产业务管理平台。平台搭建过程中，建设银行自行探索出复杂业务学习"四步骤"（见图1），通过头脑风暴、团队学习、跟岗观摩、请教专家四个步骤深入理解房地产管理业务并快速转化为使用功能，实现了复杂业务化繁为简，以建行速度实现了复杂业务管理平台的快速研发创新，高效支持"数字政府"建设，为提升人民群众的幸福感和获得感作出了应有的贡献。

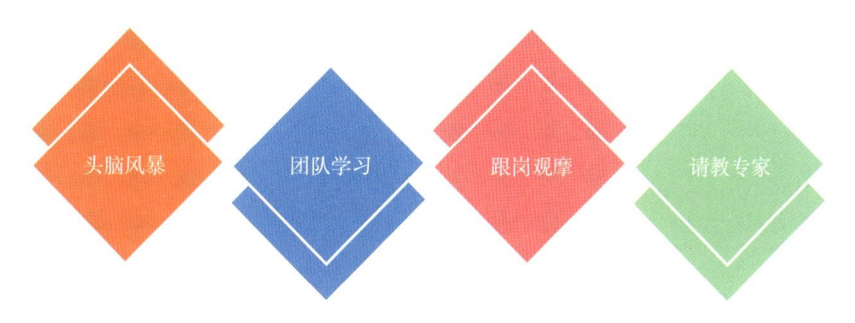

图1 复杂业务学习四步骤

思考题

1. 面对复杂业务，如何快速识别有效需求，并转化为平台功能的思路？

2. 面对复杂业务，开发人员学习业务的重要性不言而喻，但受学习成本、获取信息途径、效用等问题的限制，开发人员如何平衡学习深度与学习效率之间的矛盾？

3. 如何在业务跟岗学习中避免走马观花，真正收获需要学习的知识？

后记

  本书先后经过立项、选题、素材收集、调研访谈、撰写初稿、征求意见、审核修改、行内外专家评审、内容修订等环节，最终成稿。

  在本书编写的过程中，香港科技大学、西安交通大学相关专家对本书提供了指导和建议，中国建设银行公司业务部、机构业务部、普惠金融事业部、乡村振兴金融部、个人金融部（消费者权益保护部）、网络金融部、国际业务部、渠道与运营管理部、金融科技部、河北省分行、海南省分行、贵州省分行以及建信金科等单位对本书亦有贡献。

  建行的金融科技实践涉及的业务领域广、影响范围大、技术革新快、产品创新多，尽管我们力求全面、系统、严谨，但由于时间和能力方面的限制，难免存在不足和疏漏之处，恳请各位读者批评指正。

2023年12月